Start up

스마트폰, PC 겸용

숏폼 영상 편집 3일 만에 마스터하기 with 캡컷 (Capcut)

김근아 지음

KB081693

아티오
ArtStudio

김근아

20여 년간 IT 전문 기업인 ㈜코리아센터(현, 커넥트웨이브)에서 부장을 역임했다. 디지털 배움터에서 다양한 앱 활용법을 가르치며, 특히 숏폼(짧은 형태) 영상편집에 특화된 강의를 온라인에서 진행하고 있다. 이를 통해 많은 사람들에게 쉽게 할 수 있는 디지털 콘텐츠 제작 방법을 제공하고, 온라인으로 무료 특강을 통해 지속적인 학습의 기회를 제공하고 있다.

소상공인을 대상으로 한 교육 프로그램에서는 카카오 쇼핑 더하는 가치 교육 프로그램에서 코칭을 담당하며 소상공인들의 성장을 도와주었다. 또한, SK플래닛 희망리턴패키지에서는 SNS 1:1 맞춤형 교육을 진행하여 소상공인들의 디지털 마케팅 역량을 키우는 데 기여하였다.

뿐만 아니라, 온라인 커뮤니티에서는 숏폼 영상편집에 대한 재능기부를 통해 모든 이들이 디지털 콘텐츠 제작에 참여할 수 있도록 돕고 있다. 저서로는 〈세련된 영상 쉽게 만들기 With 캡컷〉〈감정치유 글쓰기〉 2권의 전자책을 썼다.

– 블로그 〈배운걸 나누는 숏폼 전문강사 무궁화쌤〉 운영
– 유튜브 채널 〈무궁화쌤〉 운영

저자와 소통할 수 있는 채널

• 블로그 : https://blog.naver.com/geun307
• 유튜브 : https://www.youtube.com/@mugunghwa_ssam
• 인스타그램 : https://www.instagram.com/mugunghwa_ssam/
• 틱톡 : https://www.tiktok.com/@mugunghwa_ssam
• 카카오톡 채널 : https://open.kakao.com/me/think11

스마트폰, PC겸용 ─────────────────

숏폼 영상 편집 3일 만에 마스터하기
with 캡컷(Capcut)

2023년 7월 20일 1판 발행
2024년 1월 20일 2판 인쇄
2024년 1월 25일 2판 발행

펴낸이	김정철
펴낸곳	아티오
지은이	김근아
마케팅	강원경
표 지	김지영
편 집	이효정
전 화	031-983-4092~3
팩 스	031-696-5780
등 록	2013년 2월 22일
정 가	14,000원
주 소	경기도 고양시 일산동구 호수로 336 (브라운스톤, 백석동)
홈페이지	http://www.atio.co.kr

머리말

캡컷으로 영상 편집을 배우고자 저의 책을 선택해 주셔서 진심으로 감사드립니다.

'비주얼 미디어 리터러시'란 말을 들어보셨습니까?

리터러시는 글을 읽고 이해하는 능력. 즉 문해력을 말합니다.

비주얼 미디어 리터러시는 이미지와 영상으로 커뮤니케이션 할 줄 아는 것입니다.

다시 말해 시각적으로 끌어당기는 효과는 글보다도 이미지, 영상이 강력합니다.

영상의 중요성은 이미 알고 있지만, '내가 과연 할 수 있을까?' 싶은 마음에 영상 편집을 시작하기 머뭇머뭇하면서 선뜻 배우지 못하고 계셨다면 이 책이 큰 도움이 되리라고 생각합니다.

스마트폰이 우리 생활에 스며들면서 뱅킹 서비스, 배달, 온라인 주문 등 스마트폰 활용을 잘하는 사람과 그렇지 못한 사람들의 격차가 커져 삶의 질이 달라졌습니다. 스마트폰 활용에 대한 격차처럼 비주얼 미디어 리터러시가 있는 사람과 없는 사람과의 격차도 지속적으로 벌어질 것이라고 합니다.

최근 유튜브, 틱톡 등 1인 미디어 SNS를 통해 수많은 사람들이 돈을 벌고 있으며, 그 경쟁 속에서 살아남기 위해서는 영상 편집에 많은 관심을 가져야 합니다.

저는 동영상 편집하는 방법을 디지털 배움터에서 시니어 분들, 그리고 온라인으로 재능기부 및 강의를 통해서 20대~80대까지 교육을 다수 진행한 경험이 있습니다.

결론부터 이야기 드리면 '배우고 실습하며 연습하면 누구나 영상 편집을 할 수 있다' 입니다.

'나이가 많은데 괜찮을까? 기계치라서 컴퓨터, 스마트폰을 잘 다루지 못하는데 어떻게 할까? 미적 감각은 제로인데 가능한 거야?' 등등 여러 생각들로 망설이고 계시나요?

이 책 한 권에 담겨 있는 캡컷 메뉴들과 예시로 안내되어 있는 영상 편집하는 방법을 직접 따라해 보시면 분명 쉽고 재미를 느끼게 되실 겁니다. 동영상 편집을 처음 시작하는 분들을 위해 보다 쉽게 이해하고 따라하기 편하게 정성스럽게 만들었습니다.

이 책을 통해 스스로 할 수 있다는 자신감이 생기고 촬영한 영상 및 사진으로 한층 더 세련된 영상 편집을 할 수 있으리라 믿습니다. 영상 편집을 통해 아이와의 소중한 일상, 가족 여행하면서 그날의 행복, 유익한 정보를 나누면서 잊지 못할 기쁨을 영상에 담아 제목, 자막, 음악만 삽입하더라도 그날의 기억을 더욱 생생하고 선명하게 만나볼 수 있습니다.

책에 안내되어 있는 편집 효과를 다양하게 사용하면서 멋진 나만의 영상을 꾸며 보시기 바랍니다. 당신이 전달하고자 하는 것이 더욱 돋보이게 될 것입니다. 캡컷으로 쉽고 편리하게 영상을 편집하면서 잠재력을 즐겁게 발산해 보시길 바라겠습니다. 감사합니다.

김근아

이 책의 특징

QR 코드를 읽으면 책에서 설명하는 해당 강좌를 볼 수 있습니다.

STEP ● 5   Capcut

05 : 세련된 영상 만드는 3가지 방법

STEP

총 Step 6으로 나누어 캡컷의 모든 기능을 짜임새 있게 설명하였습니다.

1. 시선 집중되는 간지나는 효과 주기

사진 한 장에 2가지 종류의 편집 효과를 적용하여 시선 집중이 되는 동영상을 만들 수 있습니다.

---

2. 캡컷 용어 및 편집 화면 소개

캡컷 기능별로 일목 요연하게 정리하여 잘 모를 때 언제든지 참조할 수 있게 하였습니다.

❶ 프로젝트 미리보기 화면입니다. 수시로 [플레이] 메뉴를 눌러서 편집한 결과를 확인할 수 있습니다.

❷ 기준선 위치의 시각/영상 총 시간 표시로, 기준선이란 ❽번의 흰색 세로 선을 말합니다.

❸ 플레이(재생) 메뉴입니다. 편집하면서 해당 메뉴를 누르면 프로젝트 미리보기 화면에서 영상을 확인할 수 있습니다.

❹ 바로 직전에 적용한 부분으로 되돌릴 수 있습니다.

❺ ❹번에서 취소한 것을 다시 돌릴 수 있는 메뉴입니다.

❻ 프로젝트 미리보기 화면을 확대하여 볼 수 있습니다.

❼ 타임라인입니다. 시간 경과에 따라 영상, 글자, 오디오, 효과 등 편집된 내용이 배치되어 표시됩니다.

❽ 인디케이터로 안내선(기준선)이라고도 말합니다. 글자. 오디오 등을 삽입할 때 시작점에 안내선을 가져다 놓고 진행합니다.

❾ 영상을 편집하기 위해서 사용되는 메뉴가 진열되어 있는 메뉴 바입니다. 손가락으로 오른쪽에서 왼쪽으로 밀면 더 많은 메뉴를 확인할 수 있습니다.

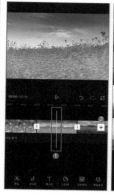

초보자도 쉽게 따라할 수 있도록 작업 순서를 표시하였습니다.

❶ 클립(사진 또는 동영상)에서 추가할 위치에 안내선을 가져다 놓습니다.

❷ + 버튼을 누르면 갤러리로 연결됩니다. 원하는 동영상 또는 사진을 선택 후 [추가] 메뉴를 누릅니다.

❸ 타임라인에 추가로 불러온 클립을 확인할 수 있습니다.

책을 따라하다가 알아두면 도움이 될 부분에 추가적인 설명을 달아놓아 좀 더 빠르게 익힐 수 있도록 하였습니다.

이 템플릿은 6.1초 짜리 클립 1개가 필요하다는 의미입니다.

동영상 1개만 작업할 수 있다는 뜻입니다. 만일 클립 8개라고 나오면 8개의 동영상이나 사진을 선택해야만 [미리보기] 메뉴가 활성화되어 선택할 수 있습니다.

TIP 템플릿 메뉴 살펴보기

❶ 필요한 클립(사진이나 동영상) 수가 표시되어 있습니다.

❷ 영상의 길이가 초로 표시되어 있습니다.

❸ 해당 템플릿을 이용한 수를 나타내고 있습니다. K는 1,000 단위로 3.3K란 3,300명이 사용했다는 의미입니다.

TIP

Tip을 통해서 어려운 용어 및 꼭 알아야 하는 개념 등을 설명하였습니다.

● 전자책 다운받기 : 캡컷의 AI 기능을 이용하여 영상편집을 하는 방법을 알고 싶은 독자를 위하여 AI 기능에 대한 매뉴얼을 전자책으로 제공하여 드립니다.
전자책은 아티오 홈페이지(www.atio.co.kr)의 [자료실] 메뉴에서 다운받을 수 있습니다.

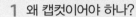

차례

01 : 캡컷의 특징과 장점

1. 왜 캡컷이어야 하나?

캡컷은 나만의 사진이나 동영상을 불러와 멋스럽게 꾸미는 동영상 편집 앱(프로그램)으로, 메뉴 구성이 잘 되어 있어서 초보자부터 영상 편집 고수까지 편하게 사용하고 있습니다.

전년도 아이티 데일리 조사에 따르면 세계에서 가장 많이 다운로드 된 앱을 확인한 결과 동영상 편집 앱들 중에서 1위를 차지했습니다.

전 세계 사람들이 열광하며 캡컷을 선호하는 것은 다 이유가 있다고 봅니다. 대부분의 메뉴들을 무료로 이용할 수 있으면서 그렇다고 유료 앱이나 PC 버전의 프로그램들에 비해서 뒤지지 않는 효과, 필터, 전환, 텍스트 및 오디오 편집 도구들이 포함되어 있기 때문입니다.

캡컷의 매력을 다섯 가지로 정리해 보았습니다.

첫째, 친근한 인터페이스입니다.

직관적으로 되어 있어서 메뉴에 대한 별도의 설명이 없더라도 몇 번 눌러보면 사용할 수 있습니다. 그래서 초보자들도 쉽게 동영상을 편집할 수 있습니다.

둘째, 스마트폰 앱과 PC 버전 모두 제공됩니다.

보통 스마트폰 앱으로 제공하면 PC 버전이 제공되지 않고 있습니다. 그러나 캡컷은

PC 버전도 같이 출시되어 컴퓨터나 노트북에 프로그램을 설치하여 작업하거나, 클라우드 기반으로 된 웹에 접속하여 바로 영상 편집이 가능합니다. 따라서 큰 화면에서 영상 편집을 원한다면 PC 버전에서 편하게 작업할 수 있습니다.

셋째, 무료로 영상 편집이 가능하기 때문에 부담 없이 사용할 수 있습니다.

다른 편집 앱의 경우 유료 버전에서 제공하는 메뉴도 캡컷에서는 무료로 사용할 수 있습니다. 다만, 캡컷에서도 올해 일부 효과 및 클라우드 추가 용량에 대해서는 유료로 운영되고 있으니 참고하기 바랍니다.

보통 PC용 영상 편집 프로그램들은 1주일 체험 기간을 통해 이후부터는 유료로 전환되는 경우가 대부분입니다. 하지만, 캡컷에서는 PC 버전도 무료로 이용 가능하면서 캡컷 로고가 삽입되지 않기 때문에 실용적으로 이용할 수 있습니다.

넷째, 동영상에 최적화되어 있습니다.

대중적인 틱톡 앱을 만든 회사에서 캡컷을 만들었기 때문에 사용자들이 원하는 것을 정확하게 파악하여 만들어졌습니다. 또한, 사용자들의 요청 사항을 파악하여 업데이트가 잘 이루어지기 때문에 인터페이스, 효과 등을 적절하게 활용할 수 있습니다.

다섯째, 자동 자막과 프롬프터 기능으로 영상 편집 시간을 절약할 수 있습니다.

버튼 하나만 누르면 음성 인식을 하여 영상에 맞는 자동 자막이 나오도록 설정할 수 있습니다. 최근에 업그레이드된 프롬프터 기능은 영상 촬영할 때 굳이 외워서 말하지 않더라도 스마트폰 화면에 이야기할 내용을 작성하여 막힘 없이 이야기할 수 있도록 제공되고 있습니다. 해당 메뉴를 사용하면 시간도 절약되면서 편리하게 영상 편집을 할 수 있습니다.

2. 캡컷 화면 구성 알아보기

캡컷 화면 구성

❶ 도움말 : 캡컷 고객 지원 센터를 통해 비디오 튜토리얼, FAQ 내용을 확인할 수 있습니다.

❷ 설정 : 언어 변경 및 기본 엔딩 추가 여부, 서비스 약관, 버전 등을 확인할 수 있습니다.

❸ Pro : 캡컷의 프리미엄 VIP 서비스 입니다. 캡컷 프로로 업그레이드하면 텍스트 템플릿, 전환, 비디오 효과 등 [Pro]로 표시되어 있는 고급 기능을 사용할 수 있습니다. Pro로 결제하지 않더라도 많은 기능들이 무료로 제공되고 있습니다. 무료로 이용하다가 필요한 경우에만 결제하시길 추천드립니다. 결제하지 않은 상태에서 Pro 기능을 사용할 경우 제작한 영상 내보내기(저장)가 진행되지 않으니 사용한 Pro 기능을 삭제해야 합니다.

❹ 만들기 : 편집할 수 있는 메뉴로 들어가는 입구와 같은 메뉴입니다. 해당 메뉴를 누르면 갤러리로 연결되어 촬영해 놓았던 사진, 영상을 불러와서 편집을 시작할 수 있습니다.

❺ 사진 에디터 : 스마트폰 갤러리에 있는 사진을 불러와서 크기, 텍스트, 스티커 등 원하는대로 자유롭게 편집할 수 있습니다.

❻ 텍스트-이미지 : 프롬프트에 이미지를 연상하여 관련 단어를 작성해 주면 이미지를 제공하며, 저장하여 사용할 수 있습니다.

❼ **자동컷** : 촬영해 놓은 사진, 동영상을 선택하면 AI가 분석하여 주요 포인트만 남기고 컷 편집(제거)을 해줍니다. 또한, 다양한 효과가 적용된 스타일을 추천하여 템플릿 메뉴처럼 쉽고 간편하게 작업할 수 있습니다.

❽ **카메라** : 스마트폰에 탑재되어 있는 카메라 앱처럼 캡컷에서 바로 촬영 후 편집할 수 있도록 제공됩니다.

❾ **클라우드** : 편집이나 템플릿으로 작업해 놓은 부분을 별도로 백업해 놓을 수 있는 공간입니다.

❿ **편집** : 저장되어 있는 프로젝트에 대해 어떻게 진열할 것인지 설정할 수 있습니다. 또한, 편집/템플릿/카메라 등 필터를 설정하여 원하는 프로젝트만 확인할 수 있습니다.

⓫ **프로젝트** : 커버나 옆에 제목을 누르면 기존에 영상 편집하던 화면으로 연결되어 추가로 편집 진행이 가능합니다.

⓬ 점 3개로 표시되고 있는 메뉴를 선택하면 [백업], [이름 변경], [복사], [삭제] 메뉴가 보입니다. [백업] 메뉴를 누르면 클라우드에 저장이 진행됩니다.
　[이름 변경]은 기본적으로 작업 날짜 뒤에 일련번호로 생성되는데 프로젝트 이름으로 변경하면 이후 편집을 하기 위해 찾을 때 쉽게 확인할 수 있습니다.
　[복사]는 똑같이 하나 더 프로젝트 생성을 원할 때 진행하면 됩니다.
　[삭제]는 편집한 프로젝트 정리를 원할 때 눌러주면 됩니다.

⓭ **편집** : 메인 화면으로 [카메라], [만들기]를 선택하여 작업을 원할 때 선택합니다.

⓮ **템플릿** : 영상 편집을 즐겨하는 크리에이터들의 작품을 제공합니다. 다양한 편집 효과를 이용한 템플릿들이 있으며, 자신의 사진이나 영상으로 교체하여 템플릿에서 제공하는 효과, 오디오 등을 그대로 사용할 수 있습니다.

⓯ **알림** : 캡컷에서 공지사항 올린 내용을 확인할 수 있습니다.

⓰ **나** : 회원 로그인하여 이용하면 프로필 편집이 가능하며, 템플릿 즐겨찾기, 좋아요 선택한 내용이 저장 되어서 쉽게 찾을 수 있습니다.

02 : 영상 편집 기초

1. 템플릿 활용하여 편집하기

캡컷에서 영상을 편집할 수 있는 방법은 템플릿 활용, 직접 편집하기의 2가지로 나
눕니다.

템플릿은 이미 크리에이터들이 만들어 놓은 효과, 음악 등을 그대로 사용하면서 영상만 나의 것으로 변경하는 것이라서 쉽고 편하게 작업할 수 있습니다. 아래 예시를 통해 템플릿 작업을 진행해 보기 바랍니다.

❶ 캡컷 첫 화면 하단에서 [템플릿]을 선택합니다.

❷ [추천], [라이프스타일] 등 분류별로 나누어져 있으며, 손가락으로 오른쪽에서 왼쪽으로 밀면 더 많은 분류명을 확인할 수 있습니다.

❸ 원하는 분류를 선택하면 됩니다. 여기서는 예시로 [브이로그]에서 템플릿 하나를 선택했습니다.

TIP **템플릿 메뉴 살펴보기**

❶ 필요한 클립(사진이나 동영상) 수가 표시되어 있습니다.

❷ 영상의 길이가 초로 표시되어 있습니다.

❸ 해당 템플릿을 이용한 수를 나타내고 있습니다. K는 1,000 단위로 3.3K란 3,300명이 사용했다는 의미입니다.

이 템플릿은 6.1초 짜리 클립 1개가 필요하다는 의미입니다.

동영상 1개만 작업할 수 있다는 뜻입니다. 만일 클립 8개라고 나오면 8개의 동영상이나 사진을 선택해야만 [미리보기] 메뉴가 활성화되어 선택할 수 있습니다.

❹ 템플릿 영상을 보고 효과와 음악이 마음에 들었다면 [템플릿 사용]을 선택합니다.

❺ 내 휴대폰 갤러리에 저장되어 있는 동영상이나 사진 등이 자동으로 나타납니다. 그 중에서 편집하고자 하는 항목을 선택합니다. 동영상인 경우 안내된 길이보다 긴 영상에 대해서만 선택할 수 있도록 사용 가능한 영상만 활성화되어 보이게 됩니다.

❻ 적용할 동영상이나 사진 선택 후 [미리보기]를 눌러줍니다.

❼ [재생]과 [멈춤]으로 확인하면서, 편집이 필요할 경우 아래에 있는 재생 시간 아이
콘을 선택합니다. 그러면 [편집] 메뉴가 나타납니다.

❽ [편집] 메뉴를 누르면 교체, 자르기, 볼륨 조절 등을 작업할 수 있습니다.

* **교체** : 다른 동영상이나 사진으로 교체 가능합니다.
* **자르기** : 긴 동영상을 불러왔을 경우, 적용되는 길이만큼 손가락을 좌우로 움직이
  며 지정 후, [확인] 버튼을 눌러 주면 됩니다.
* **볼륨** : 가져온 클립이 동영상일 경우, 볼륨을 조절할 수 있습니다. 0으로 설정하면
  영상 안에 소리는 들리지 않게 됩니다. 최대 1,000까지 조정할 수 있습니다.

> **TIP** **클립(Clip)이란?**
>
> 사진, 영상, 오디오, 글자, 효과 등을 편집할 때 타임라인에 들어가 있는 하나하나의 사진, 영
> 상, 오디오 등을 의미합니다. 예를 들어, 영상 4개를 가져왔다면 클립 4개라고 말합니다.

숏컷 앱인 [틱톡]이 내 휴대폰에 설치되어
있지 않은 경우 설치하라는 화면이 먼저
나타납니다. [틱톡]을 눌러 설치하면 화면과
같은 메뉴가 나타납니다.

❾ [작업이 완료되면 [내보내기]를 선택하여 저장을 진행합니다.

❿ [워터마크 없이 내보내기]를 선택해야만 동영상에 캡컷 워터마크가 생기지 않습니다.

⓫ [갤러리]에 동영상이 저장되면서 SNS에 바로 공유할 수 있도록 메뉴가 제공됩니다. [기타]를 선택하면 카카오톡, 메시지 등 더 다양하게 공유할 수 있는 메뉴가 나타납니다.

2. 캡컷 용어 및 편집 화면 소개

❶ 프로젝트 미리보기 화면입니다. 수시로 [플레이] 메뉴를 눌러서 편집한 결과를 확인할 수 있습니다.

❷ 기준선 위치의 시각/영상 총 시간 표시로, 기준선이란 ❽번의 흰색 세로 선을 말합니다.

❸ 플레이(재생) 메뉴입니다. 편집하면서 해당 메뉴를 누르면 프로젝트 미리보기 화면에서 영상을 확인할 수 있습니다.

❹ 바로 직전에 적용한 부분으로 되돌릴 수 있습니다.

❺ ❹번에서 취소한 것을 다시 돌릴 수 있는 메뉴입니다.

❻ 프로젝트 미리보기 화면을 확대하여 볼 수 있습니다.

❼ 타임라인입니다. 시간 경과에 따라 영상, 글자, 오디오, 효과 등 편집된 내용이 배치되어 표시됩니다.

❽ 인디케이터로 안내선(기준선)이라고도 말합니다. 글자, 오디오 등을 삽입할 때 시작점에 안내선을 가져다 놓고 진행합니다.

❾ 영상을 편집하기 위해서 사용되는 메뉴가 진열되어 있는 메뉴 바입니다. 손가락으로 오른쪽에서 왼쪽으로 밀면 더 많은 메뉴를 확인할 수 있습니다.

3. 화면 비율 설정하기

편집 화면 하단에 보면 아래와 같이 [가로 세로 비율] 메뉴가 있습니다. 편집 도중에 비율을 조정해도 되지만, 편집 시작하기 전에 원하는 비율을 선택 후 작업하는 것을 권장합니다.

❶ 9:16은 인스타그램 릴스, 유튜브 쇼츠, 틱톡에서 사용하는 세로 사이즈입니다.

❷ 1:1은 인스타그램 피드에서 주로 보이는 정사각형 사이즈입니다.

❸ 16:9는 유튜브 동영상에서 사용하는 가로 사이즈입니다.

❹ 4:3, 3:4는 프로젝터나 슬라이드 등에서 사용하는 사이즈입니다.

가로, 세로 중 어느 비율로 작업할 것인지 고려하여 통일된 사진이나 영상을 불러와 작업해야 잘리거나 빈 여백 보이는 부분이 없게 됩니다.

4. 컷 편집하기

갤러리에 있는 영상 하나를 불러와 앞부분을 잘라내는 컷 편집을 해보겠습니다.

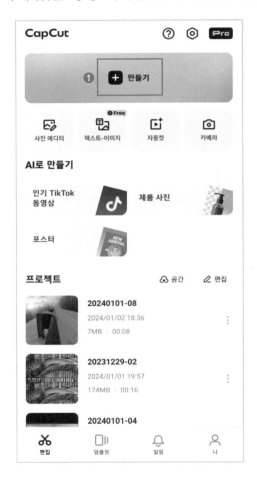

> [라이브러리 동영상]에는 캡컷에서 무료로
> 제공되는 동영상이 담겨 있으니
> 원하는 영상을 추가하여 사용할 수 있습니다.

❶ 캡컷 앱을 실행하여 상단에 있는 [만들기]를 선택합니다.

❷ 갤러리로 연결되면서 내 휴대폰에 저장된 동영상, 사진이 보입니다. [동영상] 탭을 클릭하면 동영상만 나타납니다.

❸ 원하는 동영상을 선택 후, 하단 오른쪽에 [추가] 메뉴를 눌러줍니다.

❹ 분할하여 필요 없는 부분을 제거하기 위해 안내선을 원하는 위치에 가져다 놓습니다.

❺ [편집] 메뉴를 선택합니다.

❻ [분할] 메뉴를 선택합니다.

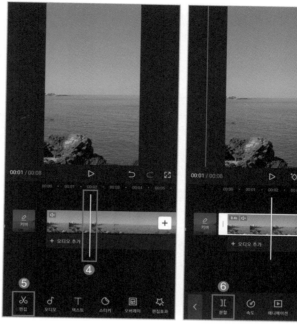

❼ 2개로 분리된 부분을 확인할 수 있습니다.

❽ 클립 선택이 되면 흰색 테두리로 표시가 됩니다. 삭제 원하는 부분을 선택한 후 [삭제] 메뉴를 눌러 주면 됩니다.

5. 클립(동영상이나 사진) 추가하기

편집 도중에 동영상이나 사진을 추가로 불러올 수 있습니다.

❶ 클립(사진 또는 동영상)에서 추가할 위치에 안내선을 가져다 놓습니다.

❷ + 버튼을 누르면 갤러리로 연결됩니다. 원하는 동영상 또는 사진을 선택 후 [추가] 메뉴를 누릅니다.

❸ 타임라인에 추가로 불러온 클립을 확인할 수 있습니다.

6. 클립 위치 이동하기

동영상이나 사진은 불러온 순서대로 진열이 되는데 원하면 위치를 이동시킬 수 있습니다.

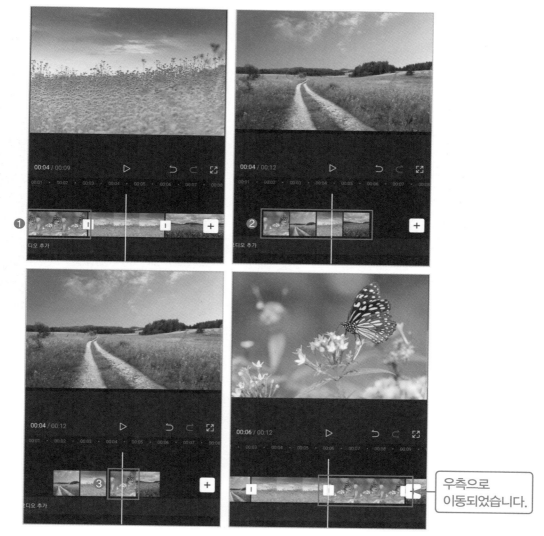

우측으로
이동되었습니다.

❶ 이동하고자 하는 클립을 손가락으로 누릅니다.

❷ 각각의 클립 모양이 정사각형으로 바뀌면 이동이 가능합니다.

❸ 클립을 누른 상태에서 원하는 위치로 간 후에 손가락을 떼면 그 위치로 바뀌게 됩니다.

7. 클립 길이 조정하기

클립(동영상, 사진)의 길이를 손가락으로 늘렸다 줄였다 할 수 있습니다.

❶ 길이를 늘리고 싶은 클립을 선택합니다.
❷ 흰색 테두리를 손가락으로 누른 후 오른쪽으로 이동하면 길이가 늘어납니다.
❸ 길이를 짧게 줄이려면 흰색 테두리를 왼쪽으로 이동하면 됩니다.

> **TIP** 사진은 자유자재로 얼마든지 길이를 늘릴 수 있지만, 불러온 동영상은 원본의 길이보다 더 늘릴 수는 없습니다. 예를 들어 동영상 길이가 12초일 경우 줄일 수는 있지만, 12초보다 길게 늘릴 수는 없습니다.

8. 메뉴 구성 및 찾는 방법

편집 화면 하단에 있는 메뉴는 단계별로 되어 있어서 첫 번째 단계에서 보이는 메뉴,
두 번째 단계에서 보이는 메뉴가 다릅니다.

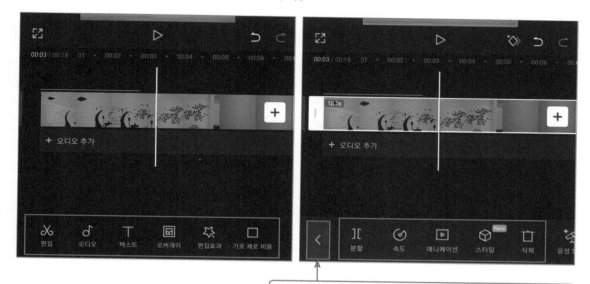

첫 번째 메뉴로 이동을 원할 경우 〈 단추를 눌러주면
됩니다. 더 많은 하위 메뉴가 있는 경우는 〈 하나가 아닌
〈〈〈 처럼 여러 개의 화살표로 표시가 됩니다. 그럴 때
화살표를 눌러주면 한 단계씩 상위 메뉴로
올라오게 됩니다.

❶ 사진이나 동영상을 불러오면 왼쪽 그림과 같이 메뉴들이 나타납니다.

❷ 타임라인에서 사진을 선택하면 작업할 수 있는 메뉴들이 오른쪽 화면처럼 바뀌게
됩니다.

9. 저장하는 방법

동영상 편집을 완료하면 상단 오른쪽에 있는 [내보내기] 메뉴를 통해 저장이 가능합니다.

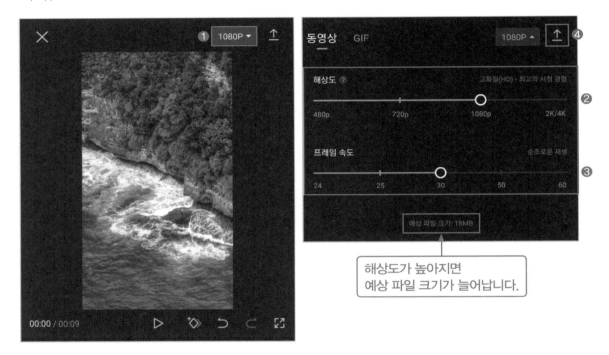

해상도가 높아지면
예상 파일 크기가 늘어납니다.

❶ 동영상 편집이 끝나서 저장을 원할 경우, 상단 오른쪽에서 [1080P]를 누릅니다. 동영상 해상도, 프레임 속도를 설정하는 것으로, 해상도는 기본적으로 1080p로 선택되어 있습니다.

❷ 높이고 싶으면 동그라미 모양을 손가락으로 눌러서 2k/4k 위치에 가져다 놓습니다.

❸ 프레임 속도는 매 초당 그래픽 하드웨어가 화면을 새로 고치는 횟수를 측정하는 부분으로, 30 그대로 이용하면 됩니다.

❹ [내보내기] 메뉴를 누르면 저장이 진행됩니다.

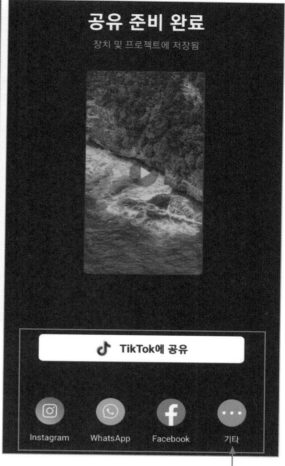

[기타] 메뉴를 누르면 카카오톡, 메시지 등
다양한 메뉴를 확인할 수 있으며,
공유 진행도 가능합니다.

❺ 100%까지 진행되면 갤러리에서 저장된 동영상을 확인할 수 있습니다.

❻ 바로 틱톡, 인스타그램 등 SNS에 공유할 수 있도록 메뉴 제공이 되고 있습니다.

03 : 영상 편집 실전

1. 간편하게 영상 촬영하기

카메라로 촬영하기

휴대폰 카메라 앱과 같은 기능이 캡컷에서도 제공되고 있습니다. 촬영한 후에 바로 편집 메뉴에서 편리하게 작업할 수 있습니다.

❶ [카메라] 메뉴를 누릅니다.

❷ 반전 : 전방을 촬영할 것인지 후방 카메라로 촬영할 것인지 선택하는 모드입니다. 누를 때마다 전방, 후방 카메라가 교대로 바뀝니다.

❸ 텔레프롬프터 : 프롬프터 기능이 적용되어 작성한 내용을 보면서 촬영할 수 있습니다.

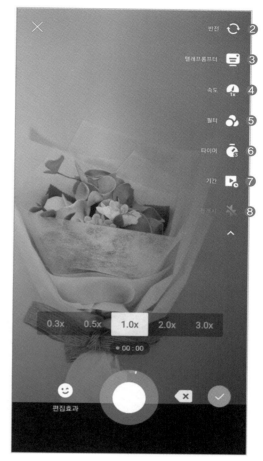

❹ 속도 : 1×가 기본 속도이며, 왼쪽에 있는 0.3 또는 0.5를 선택하면 속도가 느려지고 2.0이나 3.0 선택 시 속도가 빠르게 처리됩니다.

❺ 필터 : 촬영 전에 제공되는 필터 중 선택하여 좀 더 화사하거나 분위기 있게 연출하여 촬영할 수 있습니다.

❻ 타이머 : 즉시 촬영 또는 일정 시간이 지난 후 촬영이 되도록 할 수 있습니다. 손가락으로 누르면 '즉시', '3초 뒤', '7초 뒤' 촬영 교대로 설정이 바뀝니다.

❼ 기간 : 드래그하여 녹화 시간을 설정할 수 있습니다. 최대 15초까지 설정 가능하며 오른쪽에 두꺼운 흰색 바를 손가락으로 눌러서 왼쪽으로 이동하면서 시간을 조정하면 됩니다.

❽ 플래시 : 촬영할 때 플래시를 켜고 진행할지, 끄고 할지 선택하는 메뉴입니다.

❶ 촬영 전에 [편집 효과] 메뉴를 선택하면 효과를 적용시킬 수 있습니다.

❷ 중앙에 있는 흰색 동그라미 메뉴를 눌러서 촬영을 진행합니다.

❸ 동그라미 메뉴를 다시 누르면 영상 촬영이 멈추게 됩니다.

❹ ✓ 를 눌러서 저장하면 됩니다.

❺ [편집] 메뉴를 누르면 캡컷의 편집 화면으로 바로 연결됩니다.

❻ [내보내기]를 선택하면 갤러리에 저장이 되고, SNS에 공유할 수 있도록 메뉴 확인이 됩니다.

텔레프롬프터 활용하기

텔레프롬프터 메뉴에 이야기할 내용을 작성해 놓고 촬영하면 외우지 않더라도 쉽고 편리하게 대본을 보면서 진행할 수 있습니다. [텔레프롬프터] 메뉴를 선택하면 오른쪽처럼 사각 박스가 생깁니다.

❶ 프롬프터 영역을 하단이나 중앙으로 이동할 수 있습니다.

❷ 대본으로 사용할 원고를 작성합니다. 최대 5,000자까지 입력 가능합니다.

❸ 낭독할 글 속도, 글꼴 크기, 색상을 설정하고 조정할 수 있습니다.

2. 배경 음악 삽입하기

배경 음악을 동영상 만들 때 추가하면 더욱더 풍성해집니다. 캡컷에서 제공하는 [음악], [사운드 추출], [장치 내 사운드], [녹음] 4가지 중 원하는 스타일로 음악을 적용하면 됩니다.

캡컷에서 제공하는 음악 적용 방법

❶ [오디오]−[사운드] 메뉴를 누르면 다양한 종류의 음악이 장르별로 분류되어 나타납니다. 무료로 제공되는 음악이라서 개인적으로 사용하는 것은 가능하나, SNS에 업로드 및 상업적으로 사용할 때는 저작권 문제가 될 수 있습니다.

원하는 노래나 가수로
검색할 수도 있습니다.

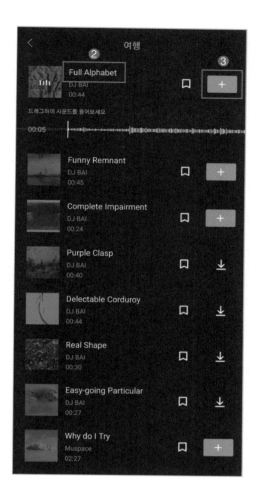

❷ 영상과 어울리는 분류를 선택하면 관련 음악 리스트를 볼 수 있습니다. 제목을 선택하면 음악이 흘러나오고 다시 한번 누르면 멈추게 됩니다.

❸ 원하는 음악을 찾았다면 ＋ 버튼을 눌러서 적용하면 됩니다.

❹ 그러면 오디오 클립이 타임라인에 표시되어 보입니다.

❺ 동영상의 길이보다 음악의 길이가 길면 뒷부분을 잘라서 영상의 길이와 맞춰 주어야 합니다. 안내선을 영상 끝나는 지점에 가져다 놓습니다.

❻ [분할] 메뉴를 누르면 음악이 2개의 클립으로 나누어집니다.

❼ 뒷부분이 선택되어 있는 상태에서 [삭제] 메뉴를 누르면 제거됩니다.

❽ 원하는 대로 음악이 적용되었는지 [재생] 버튼을 선택하여 확인합니다.

TIP **음악 저작권 걱정없이 사용하기**

인스타그램 릴스, 유튜브 쇼츠, 틱톡에 영상 등록 시 각 SNS에서 무료로 제공되는 배경 음악들이 있습니다. 예를 들어 릴스에 영상 등록 시 릴스에서 무료로 제공되는 음악을 선택하면 저작권 문제 되지 않으니 선택하여 사용하면 됩니다.

사운드 추출하여 음악이나 음성 적용 방법

다른 동영상에 들어가 있는 배경 음악이나 음성 등을 불러와서 적용할 수 있습니다.

❶ [사운드 추출] 메뉴를 눌러 동영상을 선택합니다.

❷ [사운드만 가져오기]를 클릭해 주면 해당 사운드가 적용됩니다.

❸ 타임라인에 사운드 추출된 오디오 클립이 추가된 것을 확인할 수 있습니다.

장치 내 사운드 적용 방법

스마트폰에 저장되어 있는 사운드를 불러와 적용할 수 있습니다.

[사운드] 메뉴를 눌러 폴더 모양을 선택한 후에 [장치 내 사운드]를 선택하면 스마트폰에 저장되어 있던 음악 목록이 나타납니다. 제목을 누르면 음악이 흘러나오고 다시 제목을 누르면 멈추게 됩니다. 원하는 음악을 선택하려면 ▣ 버튼을 눌러 적용하면 됩니다.

역시 상업적으로 이용하고자 할 때에는 저작권 문제가 없는지 확인해야 합니다.

녹음한 사운드 적용 방법

직접 녹음하고 음성 효과로 목소리에 변화를 주어 적용할 수 있습니다.

❶ [녹음] 메뉴를 누르고 마이크 모양을 선택하면 3, 2, 1 이후에 녹음이 진행됩니다.

❷ 녹음을 마치면 한 번 더 마이크 모양을 누르면 됩니다.

❸ [음성 효과] 메뉴를 누르면 '요정', '중후한', '높음' 등 다양한 효과를 설정할 수 있습니다.

❹ [음성 효과]를 선택하면 재생이 자동으로 되므로 들어 보면서 원하는 효과를 찾으면 ✓ 버튼을 눌러서 저장하면 됩니다.

음악 앞과 뒷부분에 희미하게 조절하는 방법

음악이 시작될 때 서서히 볼륨이 커지고, 음악이 끝날 때 서서히 줄어들 수 있도록 설정할 수 있습니다.

타임라인에서 음악 클립을 선택 후 [희미하게] 메뉴를 누르면 오른쪽과 같이 페이드 인, 페이드 아웃 메뉴가 보입니다. 페이드 인은 음악이 시작되면서 몇 초 정도 서서히 볼륨을 높일 것인지 0초부터 2.9초 내에서 설정할 수 있습니다. 0초부터 음악 길이에 따라 최대 설정 시간이 달라집니다.

흰색 동그라미를 손가락으로 누른 상태에서 오른쪽으로 이동하면 됩니다.

페이드아웃은 음악이 끝나는 시점에 서서히 볼륨이 줄어들 수 있도록 설정하는 기능입니다. 설정을 마친 후 오른쪽 아래 ✓ 버튼을 누르면 저장됩니다.

음악 볼륨 조절하는 방법

불러온 동영상 내에 동영상 내용에 대해 설명하는 음성이 들어가 있다면 배경 음악 볼륨은 작게 하여 중첩되지 않도록 해야 합니다.

 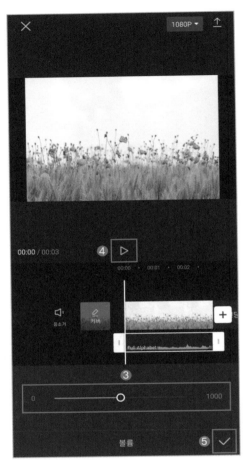

타임라인에서 음악 클립을 선택 후 [볼륨] 메뉴를 누르면 기본이 100으로 되어 있습니다. 흰색 동그라미 모양을 손가락을 눌러서 오른쪽으로 이동하면 소리가 커지고, 왼쪽으로 이동하면 소리가 줄어들게 됩니다. 최대 1,000까지 설정이 가능합니다.

음성이 있는 영상과 함께 배경 음악을 넣을 때는 6~7 정도 설정하면 됩니다. 재생 ▷ 메뉴를 눌러 확인 후 ✓ 버튼을 누르면 저장됩니다.

3. 제목, 자막 넣기

제목이나 자막을 동영상에 삽입하여 시선을 집중시킬 수 있습니다. 스토리를 대표하는 제목, 스토리를 풀어가는 자막, 음성 인식한 자동 자막 등을 적용하는 방법에 대해 알아보도록 하겠습니다.

스토리를 대표하는 제목 삽입 방법

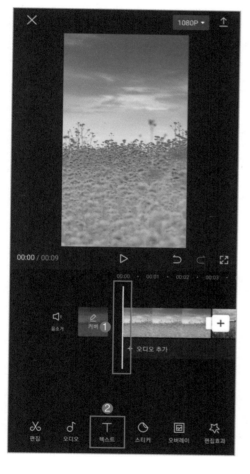 

❶ 안내선을 제목이 시작할 부분에 가져다 놓습니다.

❷ [텍스트] 메뉴를 선택합니다.

❸ [텍스트 추가] 메뉴를 눌러줍니다.

❹ 텍스트 입력 칸에 제목을 입력해 주면 됩니다.

❺ [글꼴] 메뉴를 선택합니다.

❻ 캡컷에서 제공되는 다양한 글꼴들이 나타납니다. 특정 글꼴을 선택하면 바로 위
에 있는 프로젝트 미리보기 화면에서 적용된 부분을 확인할 수 있습니다.

> **TIP** 글씨 위치를 이동하고자 할 때는 텍스트 입력된 부분을 손가락으로 누른 후에 이동하
> 면 됩니다.

❼ 글꼴에서 '버터체'를 선택했을 때 프로젝트 화면에 적용된 모습입니다.

❽ [스타일] 메뉴에서 상단에 제공되는 글씨 컬러와 테두리를 선택할 수 있습니다.
또는 '텍스트', '획', '글로우', '배경' 등 개별적인 메뉴를 통해 꾸며도 됩니다.

❾ [편집 효과] 메뉴에도 글씨 스타일이 제공되고 있습니다. 각각을 선택해 보면서 잘 어울리는 스타일을 선택하여 이용할 수 있습니다.

❿ 동그라미에 사선이 있는 아이콘 ⊘ 은 효과를 적용한 후에 원래대로 돌리고 싶을 때 선택하면 됩니다. 다른 메뉴에서도 이 아이콘을 누르면 적용했던 것이 원래 상태로 돌아갑니다.

⓫ [애니메이션] 메뉴는 [입장], [퇴장], [고리]로 분류하여 선택할 수 있도록 되어 있으며 글씨가 들어오고, 나가고, 고정되어서 보일 때 움직이는 형태를 적용할 수 있습니다.

⓬ [말풍선] 메뉴는 제목 배경을 꾸며 주어서 좀 더 강조하거나 돋보이게 할 수 있습니다. 제공되는 다양한 말풍선을 눌러 보면서 취향에 맞는 것으로 최종 선택해 주면 됩니다.

> **TIP**
> 'Pro' 표시가 되어 있는 것은 유료로 제공되는 부분이니 표시되어 있지 않은 것으로 선택하여 이용하면 됩니다. 원하는 대로 설정 후 ✓ 버튼을 눌러서 저장하면 됩니다.

스토리를 풀어가는 자막 삽입 방법

제목과 동일하게 [텍스트]–[텍스트 추가] 메뉴를 선택합니다. 제목 입력 이후에 자막을 삽입하려고 하면 위와 같이 제목에서 적용했던 스타일이 그대로 보이게 됩니다.

예를 들어, [말풍선] 메뉴를 보면 선택되어 있는 것을 확인할 수 있습니다. 동그라미 사선 아이콘 🚫 을 선택하여 적용된 것을 원래대로 돌려놓습니다.

❶ 글자를 입력하고 [스타일] 메뉴에서 두 번째 스타일을 적용한 모습입니다.

❷ [크기] 메뉴에서 글씨 크기를 조절할 수 있습니다. 흰색 동그라미를 손가락으로 누른 상태에서 오른쪽으로 이동하면 커지고 왼쪽으로 이동하면 작아집니다. 프로젝트 미리보기 화면에서 엄지, 검지 손가락을 이용하여 글자가 입력되어 있는 상자를 키우거나 줄여서 크기를 조절할 수도 있습니다.

❸ 작업이 완료되면 ✓ 버튼을 눌러서 저장하면 됩니다.

음성을 인식하여 자동 자막 삽입 방법

❶ 캡컷을 실행하여 [만들기] 메뉴를 선택합니다.

❷ 갤러리로 연결되면 음성이 있는 동영상을 선택하고 [추가] 메뉴를 누릅니다.

❸ [텍스트] 메뉴를 누릅니다.

❹ [자동 캡션] 메뉴를 선택합니다.

❺ 원하는 언어, 사운드 소스가 알맞게 선택되어 있는지 확인합니다. 템플릿 메뉴에서 글자 입력 형태를 설정할 수 있습니다. 이후에 [시작] 메뉴를누릅니다.

❻ '자동 캡션 다는 중'이라는 메시지가 나타나면서 100%까지 진행됩니다.

일괄적으로 글꼴, 크기 등을
변경할 때는 [선택] 메뉴를
누릅니다.

❼ 자동 자막이 생성된 것을 확인할 수 있습니다.

❽ 자막 개수가 표시되는데, 일부 자막을 삭제하고자 하면 휴지통 모양 아이콘 📭
을 선택하여 자막과 관련 클립 또는 자막만 삭제가 가능합니다.

❾ [모두 선택]에 체크 후 [편집] 메뉴를 선택하여 글자 설정을 합니다. 특정 자막 부분만 글자 스타일 변경을 원할 경우 [모두 선택]을 눌러서 체크를 해제한 후에 개별적으로 특정 자막만 선택하여 [편집] 메뉴를 눌러 설정하면 됩니다.

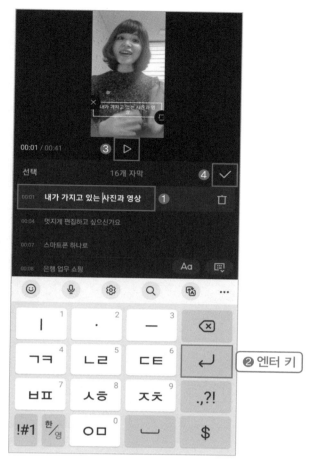

❷ 엔터 키

❿ 한 줄이 길어져 두 줄로 나올 경우 줄 바꿈으로 조정 가능합니다. 원하는 곳에 커서를 가져다 놓고 [Enter] 키를 누르면 줄 바꿈이 됩니다. [재생] 메뉴를 눌러서 원하는 대로 작업이 되었는지 확인 후 ✓ 버튼을 눌러서 저장하면 됩니다.

4. 두 개의 영상을 합치기(오버레이 메뉴)

하나의 동영상이나 사진을 불러오고 그 위에 또 다른 동영상이나 사진을 올려서 두 개가 동시에 보일 수 있도록 작업할 수 있습니다.

❶ 사진이나 동영상을 불러옵니다.

❷ [오버레이]로 사진이나 동영상을 불러와 겹쳐서 보이도록 할 위치에 안내선을 가져다 놓습니다.

❸ [오버레이] 메뉴를 선택합니다.

❹ [PIP 추가] 메뉴를 눌러줍니다.

❺ 갤러리에서 겹쳐서 올릴 동영상 또는 사진을 선택 후, [추가] 메뉴를 누릅니다.

❻ 타임라인에 클립이 추가된 부분을 확인하고 손가락으로 선택을 하면 프로젝트 미리보기 화면에서 엄지, 검지를 이용하여 크기를 조절할 수 있습니다. 그리고 손가락으로 꾹 눌러서 원하는 위치로 이동합니다.

❼ 오버레이로 가져온 이미지 길이는 타임라인에서 흰색 두꺼운 부분을 손가락으로 누른 상태에서 왼쪽으로 이동하면 짧아지고, 오른쪽으로 이동하면 늘어납니다.

5. 다양한 효과로 동영상을 풍성하게

스티커, 보정, 편집 효과, 전환 효과, 애니메이션, 스타일 기능 등을 이용하면 동영상을 멋지고 아름답게 그리고 세련되게 만들 수 있습니다. 다양한 것들이 많으니 하나하나 사용해 보면서 동영상에 잘 어울리는 스티커나 효과 등을 적용해 보면 됩니다.

유용한 스티커 사용 방법

❶ 사진이나 동영상을 불러옵니다.

❷ 손가락으로 오른쪽에서 왼쪽으로 밀어 나타나는 [스티커] 메뉴를 선택합니다.

❸ 다양한 유형의 스티커가 유형별로 분류되어 나누어져 나타납니다. 손가락으로 오른쪽에서 왼쪽으로 밀면 더 많은 유형들을 확인할 수 있습니다.

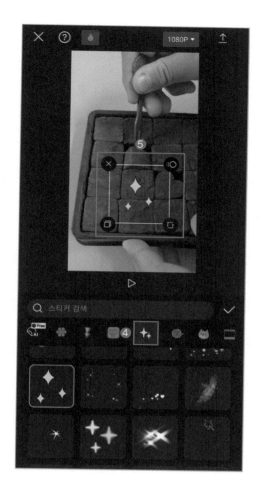
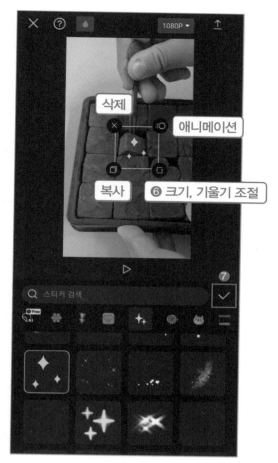

❹ 반짝이는 모양의 분류를 누른 다음, 원하는 스티커를 선택해 봅니다.

❺ 프로젝트 미리보기 화면에 스티커가 나타나면 손가락으로 꾹 눌러서 원하는 위치로 이동합니다.

❻ 크기 조절을 원한다면 스티커 오른쪽 아래에 위치한 네모 모양 아이콘을 눌러서 대각선으로 좁혔다 늘렸다 할 수 있습니다.

❼ ✔ 버튼을 눌러서 저장하면 타임라인에 스티커 클립이 확인됩니다. 길이 조절은 다른 메뉴에서 설명한 것과 동일합니다.

매력적으로 보정하기

❶ 인물 사진이나 동영상을 불러와서 [편집] 메뉴를 선택 후 [보정] 메뉴를 누릅니다.

❷ [얼굴], [몸]으로 메뉴가 나누어져 나타나면 원하는 메뉴를 선택하여 조정하면 됩니다. 여기에서는 얼굴 보정을 위해 [얼굴]을 선택하기로 합니다.

❸ [얼굴]을 선택하면 [얼굴], [모양 변경], [메이크업] 등의 메뉴가 나타납니다.

❹ [얼굴] 선택을 하면 [매끈], [피부색] 등으로 각각 원하는 부분에 대해 설정할 수 있습니다. 흰색 동그라미를 손가락으로 눌러 오른쪽으로 이동할수록 최고치로 적용이 됩니다. 오른쪽 끝까지 수치를 올리면 인위적으로 보일 수 있으므로 자연스럽게 프로젝트 미리보기 화면으로 보면서 조정하면 됩니다. 피부톤 메뉴는 'Pro' 표시되어 있으며, 유료로 사용할 수 있습니다.

❺ [재설정]은 다시 설정하고 싶을 때 선택해 주면 됩니다. [전체 적용]은 여러 인물 사진을 불러와서 작업할 때 모든 클립에 적용되도록 하는 부분입니다.

❻ [모양 변경] 메뉴에서 얼굴, 눈, 코, 입, 눈썹 개별적으로 설정 가능합니다. 'Pro'라고 표시되어 있는 것은 유료로 사용할 수 있습니다.

❼ [메이크업] 메뉴에는 [룩], [립스틱], [블러셔], [다듬기] 등의 메뉴가 있습니다. 여기에서 [룩] 메뉴는 립스틱, 블러셔, 속눈썹, 아이셰도우 등을 한 번에 적용할 수 있습니다. [룩] 메뉴에서 손가락을 오른쪽에서 왼쪽으로 밀면 'Pro' 표시가 없는 다양한 스타일이 있으니 적용해 보면 됩니다.

❽ 설정이 끝났다면 ✓ 버튼을 눌러서 저장하면 됩니다.

역동적인 편집 효과 만들기

❶ 사진을 불러온 다음, 화면 하단의 [편집 효과] 메뉴를 누릅니다.

❷ 메뉴를 누르면 [동영상 효과], [신체 효과], [사진 편집 효과], [AI 편집 효과] 메뉴로 나누어져 나타납니다.

❸ [동영상 효과] 메뉴에서는 '흐릿하게', '스윙', '왜곡' 등 다양한 효과를 제공하여 영상을 생동감 있게 표현할 수 있습니다. 돋보기 아이콘을 선택하여 원하는 효과를 검색할 수 있습니다. 유형별로 나누어져 있으며 손가락으로 오른쪽에서 왼쪽으로 밀면 더 많은 유형을 볼 수 있습니다.

손가락을 아래쪽에서 위쪽으로 밀면 여러 효과를 확인할 수 있습니다.

❹ [신체 효과] 메뉴는 인물이 집중 되도록 효과를 주는 부분으로, 인물이 없으면 적용되지 않습니다. 화면에서는 '너무 귀엽다'가 적용된 결과가 보이고 있습니다. 돋보기 아이콘을 선택하여 원하는 효과를 빠르게 찾을 수 있습니다.

선택할 수 없게 비활성화되어
나타납니다.

❺ [사진 편집 효과] 메뉴는 움직이지 않는 사진에 대해 '화면 흔들기', '우주 효과' 등을 주어 생동감 있게 표현할 수 있습니다. 'Free' 표시되어 있는 것도 무료로 사용할 수 있으니 적용해 보면 됩니다. 사진에 주는 효과이기 때문에 동영상에 적용하려고 하면 오른쪽 화면과 같이 비활성화되어 있는 것을 확인할 수 있습니다.

집중도를 높이는 전환 효과 만들기

❶ 사진과 사진 또는 사진과 동영상 사이에 있는 흰색 사각형에 선이 들어간 모양을 누르면 전환 효과를 설정할 수 있습니다.

❷ 돋보기 아이콘을 선택하여 원하는 전환 효과를 검색할 수 있습니다. 유형별로 분류된 다양한 효과들을 선택할 수 있습니다. 'Pro' 표시되어 있는 것은 유료이니 그 외에 효과를 선택하여 사용하면 됩니다.

❸ [트렌드] 메뉴에 있는 '닦기 U'를 적용해 보았습니다. 그 아래에 있는 [시간 설정] 메뉴는 해당 효과를 몇 초 동안 적용할 것인지 설정하는 부분입니다. 0.1초~1.5 초 내에서 손가락으로 동그라미를 누르고 원하는 위치로 이동하면 됩니다.

❹ 전환 효과가 적용된 부분은 리본 모양으로 표시가 됩니다.

재미를 더하는 애니메이션 효과 주기

❶ 불러온 사진이나 동영상을 선택 후 [애니메이션] 메뉴를 누릅니다.

❷ [인], [아웃], [조합] 메뉴로 나누어져 있으며 [인]은 들어올 때, [아웃]은 클립의 영
상이 끝날 때, [조합]은 해당 클립에서 어떤 효과를 줄 것인지 적용하는 부분입니
다. 각각마다 초 설정이 가능합니다.

❸ [인]에서 '회전 오프닝'을 적용했더니 화면과 같이 타임라인 클립 앞부분에 컬러가
추가로 적용되어 애니메이션 효과가 적용된 모습이 나타납니다.

❹ 시선을 사로잡을 수 있는 애니메이션이 많으니, 적용해 보면서 영상과 잘 어울리
는 것을 선택하면 됩니다.

놀라운 변화를 주는 스타일 메뉴

적용 불가능한 부분은
비활성화 됩니다.

❶ 불러온 사진이나 동영상을 선택 후 [스타일] 메뉴를 누릅니다.

❷ 사진과 동영상 중 불러온 것에 따라 적용 가능한 부분만 활성화가 되고, 그 외 메
뉴에 대해서는 이용할 수 없도록 비활성화됩니다.

이 기능은 사진에 적용하는 메뉴가 대부분으로 얼굴 표정, 장면 바꾸기 등으로 재
미있게 작업할 수 있습니다. 따라서 동영상을 불러온 경우는 [동영상 효과] 유형
에 있는 일부 메뉴만 사용할 수 있도록 활성화되어 나타납니다.

❸ [클론 흡수하기] 메뉴를 누르면 '생성 중'이라는 메시지가 나오면서 100%까지 진행이 됩니다. 완료되면 적용된 결과가 프로젝트 미리보기 화면에서 보이게 됩니다.

❹ 조정을 원할 경우 선택하면 두 개의 프리즈 간의 간격, 최초 프리즈 시간 설정을 원하는 대로 조정할 수 있습니다. 초 단위로 되어 있으며, 흰색 동그라미를 오른쪽으로 이동하면 길이가 길어지고 왼쪽으로 이동하면 짧아집니다.

아름다운 분위기로 전환할 수 있는 필터, 조정 메뉴

❶ 사진이나 동영상을 불러온 다음, 화면 하단에 있는 메뉴를 오른쪽에서 왼쪽으로 밀면 [필터], [조정] 메뉴를 확인할 수 있습니다.

2개 메뉴 중 어느 곳을 선택해도 [필터], [조정]의 서브 메뉴가 나타납니다. [필터]는 템플릿처럼 밝기, 대비, 채도 등을 조합하여 제공합니다. 원하는 것을 선택하면 즉시 적용되어 프로젝트 미리보기 화면에서 볼 수 있습니다. 손가락으로 오른쪽에서 왼쪽으로 밀면 많은 필터가 보여지며, 영상과 잘 맞는 것을 찾아서 적용하면 됩니다.

❷ 여기에서는 [필터]-[자연]을 선택했습니다. 바로 아래에 있는 흰색 동그라미를 손가락으로 눌러서 오른쪽으로 이동하면 더 밝아지게 됩니다. 원하는대로 설정이 끝났다면 흰색 체크 버튼을 눌러서 저장하면 됩니다.

❸ 필터 중에 한 가지를 선택하고 [조정]도 진행했을 경우 타임라인에 화면과 같이
확인이 됩니다. 어둡게 촬영되었을 때 해당 설정으로 밝기 및 분위기를 조정할 수
있습니다.

04 : 꿀팁 모음

1. 캡컷 엔딩 로고 없애는 방법

보통 무료로 제공되는 앱을 사용할 경우 앱의 로고가 영상에 나오게 됩니다. 캡컷은 영상 마지막에 로고가 나오도록 되어 있으며, 원하지 않을 경우 매번 영상 편집 화면에서 로고를 선택 후 [삭제] 버튼으로 삭제해야 하는 번거로움이 있습니다. 이럴 때 [설정]에서 기본적으로 엔딩 로고가 나오지 않도록 하면 편리합니다.

❶ 캡컷 편집 메뉴 메인 화면에서 상단 오른쪽에 있는 ◎(설정) 아이콘을 누릅니다.

 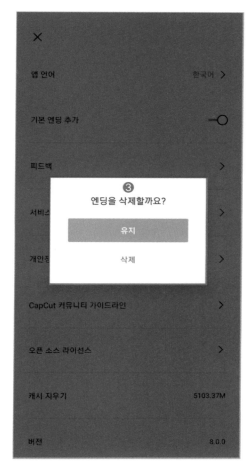

❷ [기본 엔딩 추가] 메뉴에서 초록 바로 되어 있는 부분을 손가락으로 눌러줍니다.

❸ '엔딩을 삭제할까요?' 라는 안내창이 나오면 [삭제]를 선택하면 됩니다.

> 맨 마지막에 [엔딩 추가] 버튼을 누르면 다시 엔딩 로고 추가가 되니 누르지 않도록 주의하기 바랍니다. 혹시라도 실수로 [엔딩 추가]를 눌러서 엔딩 로고가 추가되었을 경우는 해당 클립을 눌러서 아래에 보이는 [삭제] 메뉴로 제거하면 됩니다.

❹ 초록색 바가 회색으로 바뀐 것을 확인할 수 있습니다.

❺ 설정이 끝났으니 상단 왼쪽에 있는 × 버튼을 눌러서 닫으면 됩니다.

❻ 이후부터 편집 진행 시 안내선이 영상 마지막으로 끝나게 되고, 캡컷 엔딩 로고가 나오지 않습니다.

2. 인물 사진에 배경 없애기

인물이 들어간 사진이나 영상에서 인물만 오려서 앞에 안내된 오버레이 메뉴를 이용하여 다른 영상이나 사진에 올릴 수 있습니다. 또한 배경 제거된 부분에 다른 색상을 입히거나 다른 배경으로 변경하고 싶을 때 유용하게 작업할 수 있습니다.

❶ 작업할 인물 사진을 불러옵니다.

❷ 타임라인에서 손가락으로 눌러 선택합니다.

❸ [오려내기] 메뉴를 눌러줍니다.

❹ [배경 제거] 메뉴를 누르면 인물만 남고 뒷 배경이 지워집니다.

❺ 작업을 마치면 오른쪽 아래 ✓ 버튼을 눌러서 저장합니다.

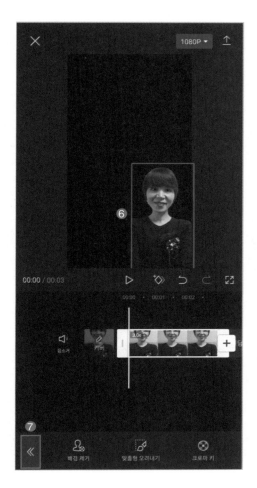 

❻ 프로젝트 미리보기 화면에서 두 손가락을 이용하여 크기 조절도 가능합니다.

❼ 배경에 색상이나 캡컷에서 제공하는 다른 배경 이미지를 적용하려면 왼쪽에 《《
두 단계까지 들어와 있으니 2번 눌러서 처음 편집 화면으로 이동합니다.

❽ 손가락으로 오른쪽에서 왼쪽으로 밀어서 [캔버스] 메뉴를 선택합니다.

❾ [색상], [배경], [흐리게] 중에 원하는 부분을 선택하여 진행하면 됩니다.

❿ [색상]을 선택하면 배경 컬러를 선택할 수 있는 화면이 나타납니다. 원하는 컬러
를 선택하면 프로젝트 미리보기 화면에서 반영된 부분이 보이니 최종 결정하여
✓ 버튼을 눌러 저장합니다.

⑪ 새로운 배경 이미지를 입힐 수도 있습니다. [배경]을 누르면 캡컷에서 제공되는 배경 이미지가 나타납니다. 마음에 드는 배경을 선택하여 적용된 부분을 보고 결정이 되면 ✓ 버튼을 눌러 저장합니다.

3. 캡컷 PC 버전 사용 방법

캡컷에서는 PC 버전도 같이 제공되어 많은 분들이 편리하게 사용하고 있으므로, 큰 화면에서 작업하길 원한다면 PC나 노트북으로 사용해 보시기 바랍니다.

PC에서 제공되는 대부분의 영상 편집 프로그램은 유료이지만 캡컷은 기본적으로 무료로 사용할 수 있습니다. 일부 메뉴들에 대해서만 유료 결제하여 이용하도록 되어 있습니다. 무료 버전으로도 충분히 영상 편집이 가능하기 때문에 부담 없이 사용할 수 있습니다.

PC에서 제공되는 편집 기능은 모바일용 앱과 동일하기 때문에 프로그램 설치 및 한글 버전으로 변경하는 방법과 인터페이스 부분만 알아봅니다.

네이버에 접속하여 [캡컷]으로 검색한 후 클릭하여 설치를 시작합니다.

2가지 방법이 있는데 [Edit video online] 선택을 하면 프로그램 설치 없이 바로 웹에서 작업할 수 있습니다.

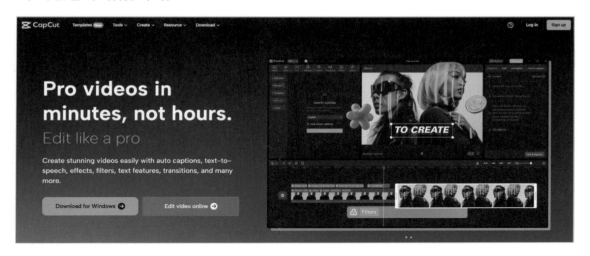

[Lon in] 메뉴를 클릭하여 로그인 후 작업을 한 경우에만 클라우드에 저장이 됩니다.

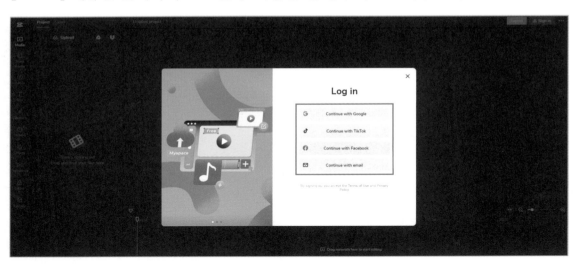

작업할 파일이 있는 폴더를 열어 왼쪽에 끌어다 놓거나 [Upload] 버튼을 눌러 파일이 있는 위치를 찾아 선택하여 불러올 수 있습니다.

캡컷은 기본 언어가 영어(English)로 되어 있습니다. 한국어로 변경을 원할 경우 우측상단에 있는 [프로필] 사진을 클릭 후 언어 선택에서 [한국어]로 선택하면 됩니다.

한국어로 변경된 화면입니다.

안정적으로 사용하길 원한다면 프로그램을 PC 또는 노트북에 설치하여 이용하는 것을 추천합니다.

두 번째 방법인 프로그램 설치하는 과정을 안내하겠습니다.

❶ [Download for Windows] 메뉴를 선택하면 설치 파일이 다운로드 됩니다. 다운로드 된 파일을 실행하면 설치가 시작됩니다.

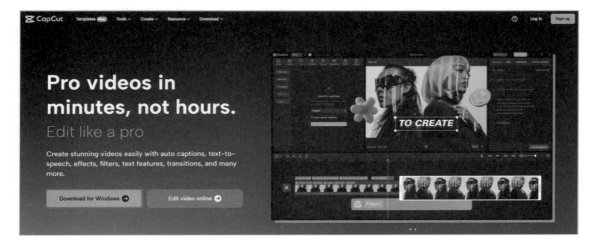

❷ 캡컷 사용자 라이선스 계약 및 개인 정보 보호 정책에 동의 여부에 대한 화면이
 나타납니다.

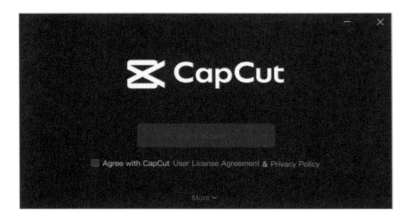

❸ 체크박스에 체크하고 [install now] 버튼을 눌러서 바로 설치하면 됩니다.

❹ 컴퓨터에서 CapCut을 원활하게 실행할 수 있다는 메시지가 보이고 있습니다. [Confirm] 버튼을 눌러 주면 됩니다.

❺ 설치가 완료되면 바탕화면에 캡컷 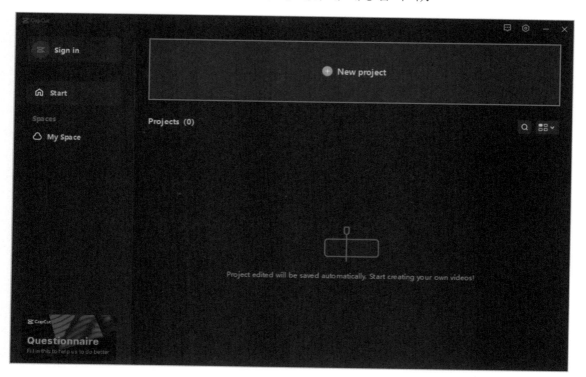 아이콘이 만들어지면서 초기 화면이 실행됩니다. 이후부터는 바탕화면에서 보이는 CapCut(캡컷) 아이콘을 두 번 클릭하면 캡컷 프로그램이 실행됩니다. 중앙에 있는 [New project] 메뉴를 선택하면 동영상 편집을 진행할 수 있습니다. [New project]를 누르면 캡컷 초기 화면이 나타납니다(모바일 버전에서 [새 프로젝트] 메뉴에 해당합니다).

PC 버전 메뉴 한글화 하는 방법

PC 버전은 메뉴가 영어로 되어 있는데 불편하면 한글 메뉴로 변경할 수 있습니다 (이 부분은 차후 업그레이드 시 한글 버전을 선택하여 설치되도록 변경될 수도 있습니다).

❶ [영어 버전을 한글 버전으로 변경하려면 캡컷 초기 화면에서 상단 왼쪽에 [Menu] 메뉴를 눌러 나타난 하위 메뉴들 중에 [Settings]를 선택합니다.

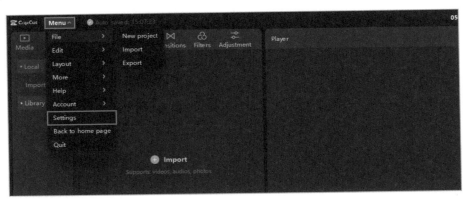

❷ [Project] 탭은 캐시에 대한 내용으로, 캐시 저장 경로가 어디로 되어 있는지 보여 줍니다. 그리고 캐시 파일을 계속 지우지 않을 것인지 기간을 설정하여 지울 것 인지 선택하는 메뉴가 보이니 원하는 대로 변경하거나 현재 설정되어 있는 그대 로 사용하면 됩니다.

❸ [Edit] 탭에서는 영상 편집할 때 사진을 가져오면 1장당 몇 초로 설정할지 선택할 수 있습니다. 캡컷 앱에서는 기본적으로 3초로 설정되는데 PC 버전에서는 기본 5초로 되어 있으니 스마트폰 앱에서 사용했던 것처럼 3초로 변경해도 됩니다.

❹ [Language] 탭에서 기본 'English'로 선택되어 있는 것을 [한국인] 선택 후 [Save] 선택해 주면 한글로 언어가 변경됩니다.

❺ 언어를 변경하려면 Capcut을 다시 시작해야 한다는 안내문입니다. [Restart] 버튼을 눌러줍니다.

❻ 이제부터 메뉴가 한글 버전으로 바뀌어 나타나며, 모바일 버전과 같이 [새 프로젝트] 메뉴를 누르면 한글로 영상 편집 화면이 보이게 됩니다.

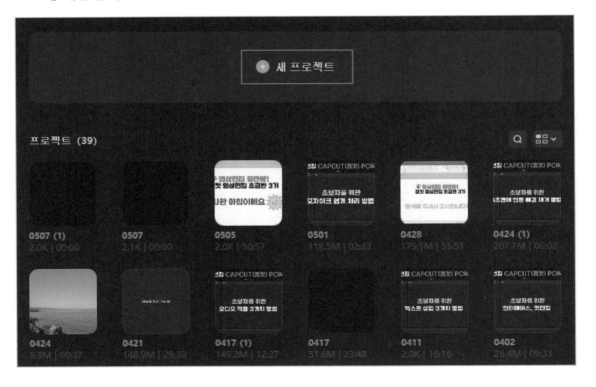

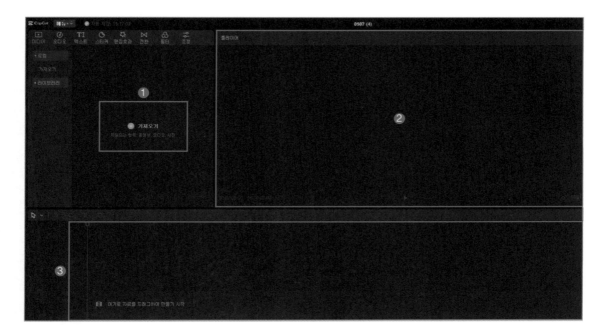

❶ [가져오기] 버튼을 누르면 PC에 있는 폴더를 선택하여 사진, 동영상, 오디오로 작업할 파일을 가져올 수 있습니다. 또는 폴더를 연 다음, 해당 위치에 파일을 드래그하여 가져다 놓을 수도 있습니다. 둘 중 편한 방법으로 작업하면서 사용할 파일을 가져다 놓으면 됩니다.

❷ [플레이어]라고 되어 있는데, 스마트폰 앱에서 이야기했던 프로젝트 미리보기 화면과 같은 의미입니다. 타임라인에서 작업한 결과에 대해 [재생] 버튼을 눌러서 확인할 수 있습니다.

❸ [타임라인]으로 작업할 사진, 동영상 등을 가져다 놓고 필요 없는 부분 제거, 효과 및 애니메이션 적용 등을 작업하는 영역입니다.

❶ [비율] 메뉴를 눌러서 작업할 원하는 비율을 선택합니다.

❷ 타임라인에 있는 사진이나 영상의 길이를 확대, 축소하는 메뉴입니다. 세밀한 작업을 할 경우 오른쪽 방향으로 이동하여 확대하면 됩니다.

❸ 안내선입니다. 분할 또는 오디오, 글자 삽입 등 시작하는 위치에 가져다 놓으면 됩니다. 상단에 흰색 부분을 마우스로 클릭한 상태로 좌우로 이동하면 됩니다.

❹ 바로 직전에 작업한 것을 취소합니다.

❺ 위치에 있는 안내선 기준으로 분할합니다.

❻ 삭제 메뉴입니다. 분할하여 제거하고자 하는 것을 선택 후, 휴지통 모양을 누르면 삭제됩니다.

❼ 미러링 기능으로, 사진이나 영상의 좌우가 바뀝니다.

❽ 불러온 사진이나 동영상을 회전하고자 할 때 사용합니다.

❾ 상단이나 왼쪽 등 사진 또는 동영상의 일부분을 자르고 싶을 때 사용합니다.

실습 동영상 QR 코드 보기	QR코드로 바로보기
https://buly.kr/3j3djOo	

05 : 세련된 영상 만드는 3가지 방법

1. 시선 집중되는 간지나는 효과 주기

사진 한 장에 2가지 종류의 편집 효과를 적용하여 시선 집중이 되는 동영상을 만들 수 있습니다.

❶ 캡컷 앱을 실행 후 [만들기] 메뉴를 눌러줍니다.

❷ 갤러리에서 원하는 사진 1장을 선택합니다.

❸ [추가] 메뉴를 눌러줍니다.

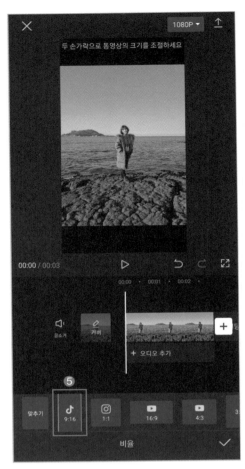

④ [가로 세로 비율] 메뉴에서 원하는 비율을 선택합니다.

⑤ 여기에서는 9:16을 선택했습니다. 화면에 꽉 차지 않을 경우 엄지, 검지를 이용하여 크기 조정해 주면 됩니다.

❻ [편집 효과] 메뉴를 선택합니다.

❼ 나타난 부속 메뉴에서 [동영상 효과]를 선택합니다.

❽ [흔들림] 효과를 선택해 주면 타임라인에 보라색으로 표시가 됩니다.

실습 동영상 QR 코드 보기	QR코드로 바로보기
https://buly.kr/APqR0PD	

❾ 메뉴바 맨 왼쪽에서 ≪ 버튼을 한 번만 눌러 주면 [동영상 효과] 메뉴가 보입니다. 기초 분류에 있는 [야외 눈]을 적용해 줍니다. 그 결과 타임라인에서는 2개의 효과가 나란히 적용되어 있는 부분을 확인할 수 있습니다.

플레이(재생) 버튼을 눌러서 원하는 대로 적용되었는지 확인하면 됩니다. 이처럼 편집 효과에 다양한 영상 효과들이 제공되고 있으니 활용해 보시기 바랍니다.

2. 자연스러운 슬로우 모션 만들기

영화 속 한 장면처럼 뛰어가거나 걸어가는 모습을 보다 더 세련되고 분위기 있게 만들어 줍니다.

❶ 캡컷 앱을 실행 후 [만들기] 메뉴를 눌러줍니다.

❷ 갤러리에서 동영상 1개를 선택합니다.

❸ [추가] 메뉴를 눌러줍니다.

❹ [가로 세로 비율]에서 원하는 비율로 선택합니다. 저는 9:16 비율을 선택하고 가로 영상이라서 엄지, 검지를 이용하여 확대해 주었습니다.

❺ 필요 없는 부분은 안내선으로 위치를 잡고 [분할] 버튼을 눌러서 2개로 나눠 준후에 [삭제] 버튼을 눌러 제거하면 됩니다.

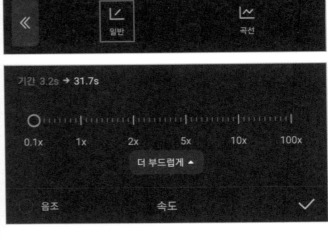

❻ 동영상을 선택 후 [속도] 메뉴를 눌러 [일반]을 선택합니다. 기본은 1×로 되어 있습니다. 초록색 동그라미를 손가락으로 꾹 누르고 오른쪽, 왼쪽으로 이동하여 속도를 조절합니다. 왼쪽으로 이동하면 속도가 느려집니다. 0.1×로 적용합니다.

❼ [편집 효과] 메뉴를 선택합니다.

❽ 하위 메뉴가 나타나면 [동영상 효과] 메뉴를 선택합니다.

❾ 파티 분류에 있는 '비현실적2' 효과를 눌러줍니다.

❿ 작업이 완료되면 중앙 오른쪽에 ✓ 버튼을 선택하여 저장합니다.

❶❶ 타임라인에서 보라색 메인 동영상 클립 선택 후 아래에서 [복사] 버튼을 2회 눌러서 2개의 클립을 더 생성합니다.

❶❷ 이후, 클립의 끝부분 두꺼운 흰색 부분을 손가락으로 눌러 오른쪽으로 이동하면서 클립의 길이를 영상 길이만큼 늘려줍니다.

⑬ 영화처럼 자연스럽게 슬로우 모션 작업이 완료되었습니다.

실습 동영상 QR 코드 보기	QR코드로 바로보기
https://buly.kr/HSSkF2o	

3. 유튜브에서 많이 본 마스크 처리 방법

배경 동영상에 인물 사진을 자연스럽게 올려서 신뢰감을 줄 수 있습니다. 한층 더 고급스럽고 세련미 넘치는 영상을 만들고 싶을 때 작업하시면 좋습니다.

❶ 캡컷 앱을 실행 후 [만들기] 메뉴를 눌러줍니다.

갤러리에서 배경으로 사용할 동영상, 사진을 여러 장 선택하고 [추가] 메뉴를 눌러줍니다.

❷ [가로 세로 비율]에서 가로, 세로 비율을 설정합니다.

❸ 여기에서는 9:16 비율을 선택하였습니다. 타임라인에서 불러온 클립(사진, 동영상)을 손가락으로 눌러서 확인하면서 화면에 검은색이 없도록 엄지, 검지로 확대시켜 줍니다. 또는 [캔버스] 메뉴에서 [색상], [배경], [흐리게] 중 하나를 설정하여 배경으로 적용할 수도 있습니다.

❹ [오버레이] 선택 후 [PIP 추가]를 누르면 갤러리로 연결됩니다.

❺ 인물 사진을 불러옵니다.

프로젝트 미리보기 화면에서 동그라미 모양이 생성된 것을 확인할 수 있습니다.

❻ 오버레이로 불러온 사진이 타임라인에서 선택되어 있는 상태에서 [마스크]−[원] 모양을 차례대로 선택합니다.

❼ 프로젝트 미리보기 화면에서 위아래, 좌우로 조정할 수 있는 화살표를 이용하여 동그라미 모양에 들어갈 영역을 정해줍니다.

❽ 작업이 완료되면 오른쪽 아래 ✓ 버튼을 눌러서 저장합니다.

❾ 인물 사진을 손가락으로 꾹 눌러 원하는 위치에 가져다 놓으면 됩니다. 타임라인
에서 오버레이된 사진 클립을 손가락으로 누르면 원하는 곳으로 이동이 가능합
니다.

❿ 플레이(재생) 버튼을 눌러 원하는 대로 작업이 되었는지 확인합니다.

⓫ 이상이 없으면 우측상단에 [내보내기] 메뉴를 눌러서 저장합니다.

⓬ 추후, 편집화면에 다시 들어와서 오버레이 편집을 원하는 경우, 물방울 모양을
누르면 오른쪽 화면과 같이 타임라인에 오버레이 작업한 클립을 확인할 수 있습
니다.

실습 동영상 QR 코드 보기	QR코드로 바로 보기
https://buly.kr/DIEpduo	

06 : SNS에 영상 등록하는 3가지 방법

1. 인스타그램 릴스

인스타그램 릴스는 짧은 길이의 영상을 바로 촬영하여 음악, 글자 삽입 등의 편집하는 툴을 이용할 수 있도록 제공되며, 편집된 영상을 선택하여 등록할 수도 있습니다. 최대 90초까지 업로드 가능합니다.

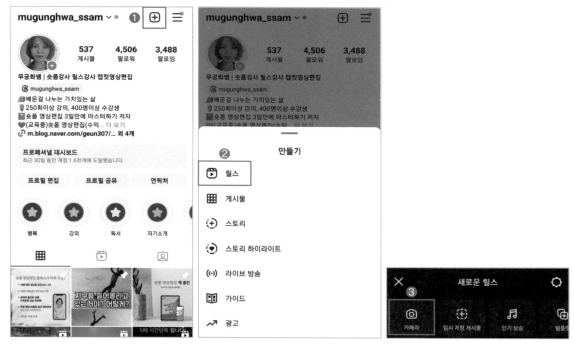

❶ 인스타그램 앱을 실행 후 상단 오른쪽 + 버튼을 눌러줍니다.

❷ [릴스] 메뉴를 선택합니다.

❸ [카메라] 메뉴를 누릅니다.

릴스를 직접 촬영 후 등록하는 방법과 이미 촬영한 영상을 편집하여 갤러리에 있는 영상을 불러와서 등록하는 방법이 있습니다.

직접 촬영을 원할 경우 왼쪽에 있는 메뉴를 이용하여 기본 내용을 설정 후 가운데 흰색 동그라미 버튼을 눌러 촬영을 진행하면 됩니다.

❶ 릴스에서 제공하는 음악을 들어보고, 영상과 잘 어울리는 음악을 선택합니다.

❷ 제공되는 효과 선택을 하여 보다 분위기 있는 영상 촬영이 가능합니다.

❸ 배경을 선택하고 촬영을 하면 촬영된 영상에서 배경이 제거되어 선택한 배경 안에 촬영한 영상이 혼합됩니다.

❹ 선택한 콜라보 게시물의 스티커 페이지에 올린 릴스가 추가됩니다.

❺ 영상의 길이를 선택할 수 있습니다. 15초, 30초, 60초, 90초까지 가능합니다.

❻ 영상의 속도를 조절할 수 있습니다. 1×: 기본 속도, 2×: 기본보다 2배속 빠름, 3×: 기본보다 3배속 빠름, .3×: 기본보다 0.3배속 느림, .5×: 0.5배속 느림

❼ 동영상 레이아웃을 설정하여 한 화면에 2개 또는 3개의 영상을 동시에 보여줄 수 있습니다.

❽ 3초 또는 10초 중에 카운트다운을 선택하여 이후에 촬영이 시작될 수 있도록 설정할 수 있습니다. 영상의 녹화 길이도 미리 설정할 수 있습니다.

❾ 전면, 후면 카메라가 동시에 촬영되어 영상 화면에 보이게 됩니다.

지금까지는 릴스에서 직접 촬영하기 전에 설정하는 메뉴에 대해 알아보았습니다. 다음으로는 이미 편집된 영상을 갤러리에서 불러와 등록하는 방법을 살펴봅니다.

동영상을 인스타그램 릴스에 올리는 방법	QR코드로 바로보기
https://youtu.be/Pzlfy2iZi2M	

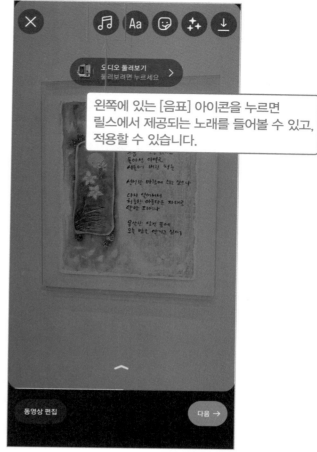

왼쪽에 있는 [음표] 아이콘을 누르면 릴스에서 제공되는 노래를 들어볼 수 있고, 적용할 수 있습니다.

❶ 왼쪽 아래 + 버튼을 누르면 갤러리로 연결되어 편집한 영상을 선택할 수 있습니다.

더 많은 음악을 보고싶으면
[더 보기] 메뉴를 눌러서
확인하면 됩니다.

❷ 플레이 버튼을 누르면 음악을 들어볼 수 있고, 한 번 더 누르면 음악이 중단됩니다. 마음에 드는 음악을 찾았다면 제목을 선택하여 적용할 수 있습니다.

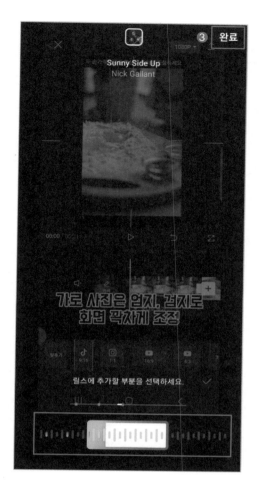 

❸ 음악 선택이 되었다면 릴스에 추가할 부분을 좌우로 움직이면서 원하는 부분이 지정되어 있는 상태로 우측상단에 있는 [완료]를 눌러주면 됩니다.

❹ 올려진 영상을 편집하려면 [동영상 편집] 메뉴를 눌러 동영상 길이 조정, 오디오/ 텍스트/스티커 추가, 보이스오버(녹음)도 진행할 수 있습니다.

❺ [클립 추가] 메뉴를 눌러 갤러리에 있는 동영상 또는 사진을 추가할 수 있습니다. 클립 추가를 하지 않을 경우 [다음] 메뉴를 눌러줍니다.

[문구 입력] 부분에는 해당 영상에 대한 설명을 작성합니다.
문구 작성 후 이어서 해시태그를 작성하면 됩니다.
해시태그는 #와 함께 특정 핵심어를 공백 없이 입력하면 되고,
다른 사람들이 해당 검색어로 검색 시 본인의 릴스가
결과에 보이게 됩니다. 예시로 작성된 부분은 다음 페이지에서
확인할 수 있습니다.

❼ [커버 수정]을 누르면 영상 내에서 커버를 선택하거나 [카메라 롤에서 추가]를 눌러서 별도의 커버 사진을 선택할 수 있습니다. 저는 영상 내에서 손가락을 왼쪽에서 오른쪽으로 조금씩 이동하면서 커버로 선택할 부분을 찾았습니다. 작업이 끝나면 상단 오른쪽에 있는 [완료] 메뉴를 선택하면 됩니다.

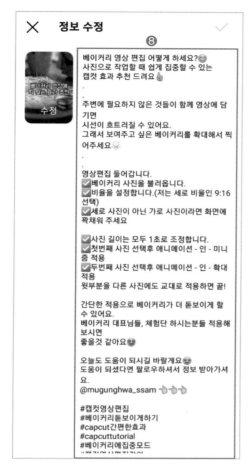

❽ 문구 입력은 화면 내용을 참고하여 영상에 맞는 내용을 작성하면 됩니다. 짧게 작
성해도 관계없습니다.

❶ 사람 태그를 해 놓으면 영상에서 사람 태그를 눌렀을 때 그 대상의 인스타그램 계
정, 팔로우를 클릭하는 메뉴가 보입니다.

❷ 메뉴를 클릭하면 릴스를 공유할 대상 선택이 가능합니다. 모든 사람 또는 친한 친
구 일부를 선택할 수 있습니다.

❸ [주제 추가]는 릴스를 시청자와 매칭하는 데 도움이 되도록 관련 있는 주제를 최
대 3개까지 선택할 수 있도록 되어 있습니다.

❹ 릴스에 나오고 있는 위치를 표시하여 알려줄 수 있습니다.

❺ [알림 추가]는 이벤트 이름, 시작 시간을 설정하여 이벤트 상세 정보를 볼 수 있는 버튼이 포함됩니다. 이벤트가 시작되기 전에 사람들이 알림을 받을 수도 있습니다.

❻ 인스타그램과 Facebook은 같은 회사입니다. 그렇기 때문에 릴스를 올리면서 Facebook에 추천 설정을 해놓으면 인스타그램에 올린 릴스가 Facebook에서도 추천으로 보이게 됩니다.

❼ [고급 설정]에서는 유용한 예약 설정, 필수로 설정해야 하는 미디어 업로드 화질 등에 대해 설정할 수 있습니다.

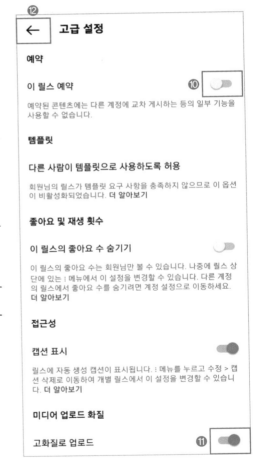

❿ [예약] 메뉴는 규칙적으로 정해진 시간에 등록을 원할 때 편리하게 이용할 수 있습니다. 손가락으로 오른쪽을 눌러서 릴스에 등록될 날짜, 시간을 선택할 수 있습니다.

⓫ [고화질로 업로드]에서는 첨부된 이미지와 같이 사용으로 선택해야 네트워크 상태 영향을 받지 않고 고화질로 영상이 등록됩니다. 중요한 부분이니 꼭 활성화하여 이용하면 됩니다.

⓬ 고급 설정이 끝났다면 상단 왼쪽에 있는 화살표 (←) 버튼을 눌러서 전 단계로 이동하면 됩니다.

⓭ [공유하기] 버튼을 누르면 릴스가 업로드됩니다.

❶ 상단 오른쪽 + 메뉴를 눌러 [릴스], [게시물]을 선택하여 업로드를 하면 그리드라 고하는 이곳에 진열됩니다.

❷ 릴스만 모아서 보이는 곳이며, 맨 왼쪽에 보이는 임시 저장 클립은 임시로 저장해 놓은 릴스가 있을 경우 확인됩니다. 그리고 조회 수가 각 릴스에 표시되어 확인할 수 있습니다.

2. 유튜브 쇼츠

인스타그램 릴스와 같이 유튜브 쇼츠도 짧은 길이의 영상을 바로 촬영하여 등록하거나 편집된 영상을 등록할 수 있습니다. 영상의 길이는 최대 60초까지 쇼츠로 등록할 수 있습니다.

❶ 유튜브 앱에 접속하여 하단 중앙의 ⊕ 버튼을 누릅니다.

❷ 나타난 화면에서 [Shorts 동영상 만들기] 메뉴를 선택합니다.

❸ 영상의 길이를 선택합니다. 15초 버튼을 누르면 60초로 변경됩니다. 다시 15초 내에 영상을 등록하고자 한다면 한 번 더 버튼을 눌러주면 15초로 변경됩니다.

❶ **뒤집기** : 전면/후면 카메라를 선택하는 메뉴입니다. 본인을 찍을 때는 전면 카메라, 내가 바로 보는 풍경, 인물 등을 찍을 때는 후면 카메라를 사용하게 됩니다.

❷ **속도** : 1배가 기본 속도, 0.3배는 기본보다 0.3배 느림, 0.5배는 기본보다 0.5배 느림, 2배는 기본보다 2배 빠름, 3배는 기본보다 3배 빠릅니다.

❸ **타이머** : 카운트다운 3초, 10초, 20초 중에 선택하여 사용 가능합니다. 3초로 설정하면 3초 이후에 촬영이 시작됩니다. 영상의 길이도 설정해 놓고 촬영을 진행할 수 있습니다.

❹ **효과** : 야간 투시, 미러링-세로 등 다양한 효과를 확인 후 적용하여 촬영할 수 있습니다.

❺ **녹색 화면** : 크로마키 기능과 같은 개념으로, 색조의 차이를 이용하여 특정 피사체만을 뽑아내어 다른 화면에 끼워 넣는 방법입니다. 갤러리에 있는 영상이나 사진을 선택 후 촬영하는 피사체에 중점을 두어 진행하면 두 영상이 혼합되면서 바로 찍은 영상의 배경이 제거되고 피사체만 적용할 수 있습니다.

❻ **보정** : 보정 사용 여부를 선택하여 촬영할 수 있습니다.

❼ **필터** : 팝, 드림, 소프트 등 제공되는 필터 템플릿 중에 원하는 것을 적용하여 원하는 분위기를 연출할 수 있습니다.

❽ **조명** : 조명 사용 여부를 설정할 수 있습니다. 어두운 곳에서 촬영 시 유용하게 설정할 수 있습니다.

❾ **플래시** : 어두운 장소에서 플래시를 켜서 촬영하면 좀 더 밝게 찍을 수 있습니다.

❿ **Close** : 숨겨져 있던 기능들이 펼쳐져 있는 상태에서 해당 메뉴를 선택하면 보이지 않게 됩니다.

❹ 모든 설정이 끝났다면 빨간색 동그라미 녹화 버튼을 선택하여 촬영을 진행하면 됩니다.

❺ 직접 촬영하여 편집하는 것이 아닌 갤러리에 이미 저장되어 있는 영상으로 만들고 싶은 경우에는 왼쪽 아래 네모 상자를 눌러 갤러리로 연결되면 업로드할 영상을 선택합니다.

❻ 업로드 된 영상이 재생됩니다. 영상 앞뒤로 자르길 원한다면 앞과 뒷부분 흰색 굵은 부분을 손가락으로 누른 상태에서 좌우로 이동하면서 줄이고 늘려서 조정할 수 있습니다.

❼ 그대로 등록을 원할 경우 [완료] 버튼을 눌러주면 됩니다.

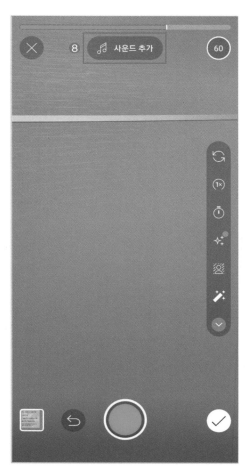

❽ 영상이 처리 중이라는 화면이 진행되다가 완료되면 상단에 [사운드 추가] 메뉴가
  보이게 됩니다. 음악을 추가하고 싶으면 클릭합니다.

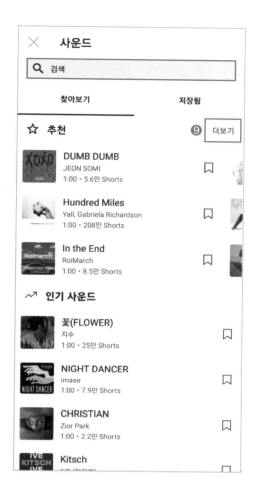
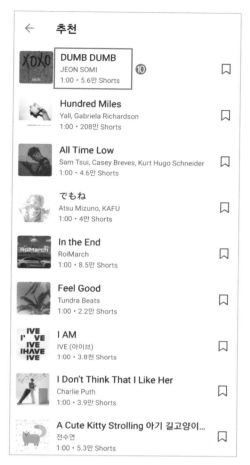

❾ 음악 제목이나 가수로 검색할 수 있습니다. 오른쪽의 [더보기] 메뉴를 누르면 쇼 츠에서 추천하는 많은 음악들을 확인할 수 있습니다.

❿ 노래 제목을 선택하면 미리보기 형태로 들어볼 수 있습니다.

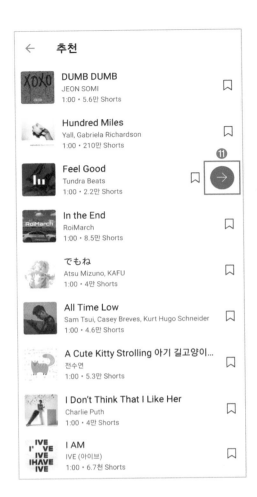 

⑪ 음악을 들어보고 마음에 들면 화살표 ⟶ 버튼을 눌러주면 됩니다.

⑫ 선택한 노래 제목이 보이면 하단 오른쪽에 ✓ 버튼을 누릅니다.

동영상을 유튜브 쇼츠에 올리는 방법	QR코드로 바로보기
https://youtu.be/mN6VpISG4P0	

❶ **조정** : 선택을 하면 오른쪽 화면과 같이 영상에 적용된 오리지널 사운드, 쇼츠를 올리면서 선택한 배경 음악의 볼륨을 각각 조절할 수 있습니다. 흰색 동그라미를 손가락으로 누른 상태에서 좌우로 움직이면 됩니다. 적용하려면 V를 선택하면 됩니다.

❷ **텍스트** : 텍스트, 필터, 녹음, 질문을 추가할 수 있습니다.

❸ **타임라인** : 중앙 오른쪽 텍스트 메뉴로 글자를 입력했을 때 영상의 어느 부분에 노출되도록 할 것인지 가로로 된 사각 상자에서 맨 왼쪽과 오른쪽에 있는 흰색 두꺼운 부분을 손가락으로 누른 상태에서 조절할 수 있습니다. 중앙에 있는 ▶(플레이) 버튼을 눌러 재생해 보고, 적용을 원하면 오른쪽에 있는 [확인]을 눌러주면 됩니다.

❸ [다음] 버튼을 누르면 세부 정보를 추가하는 메뉴를 확인할 수 있습니다.

❶ 연필 모양을 눌러서 커버 이미지를 지정할 수 있습니다.

❷ 쇼츠에 대한 제목을 입력하면 됩니다.

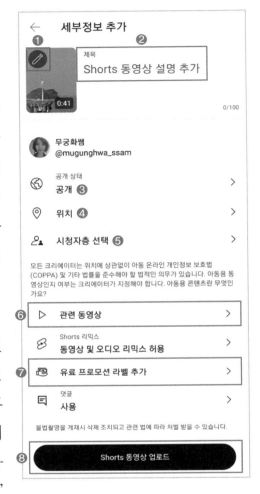

❸ 공개 : 업로드하면서 바로 '사용자들이 볼 수 있도록 공개', '링크가 있는 모든 사용자가 볼 수 있는 일부 공개', '나만 또는 내가 선택한 사용자만 볼 수 있는 비공개' 중에 선택하거나 그 아래에 있는 예약 메뉴를 이용하여 원하는 날짜 및 시간 설정을 할 수 있습니다.

❹ 위치 : 지역 정보를 설정할 수 있습니다.

❺ 시청자층 선택 : 업로드하는 영상이 아동용인지를 선택하는 메뉴입니다. 아동용이 아닐 경우 '아니요, 아동용이 아닙니다.' 선택 후 연령 제한(고급)에서 아동이 보아도 문제 되지 않는 영상이라면 '아니요, 동영상 시청자를 만 18세 이상으로 제한하지 않겠습니다.' 로 선택하면 됩니다.

❻ 관련 동영상 : 유튜브에 올려 놓은 관련 동영상이 있을 경우 선택할 수 있습니다. 예로, 1분이상의 긴 동영상에 대해 쇼츠로 만들어 올리는 중이라면 긴 동영상을 선택하면 됩니다.

❼ **유료 프로모션 라벨 추가** : 영상에 유료 PPL, 보증광고 또는 기타 상업적 이해관계가 포함된 내용이 있다면 '예'로 선택하여 영상에 유료 광고 포함 표시가 되도록 해야 합니다. 관련 내용이 아니라면 '아니오'를 선택하면 됩니다.

❽ [Shorts 동영상 업로드]를 클릭하면 영상이 등록됩니다.

동영상 등록 이후 영상에 대한 설명과 태그를 추가하는 방법을 살펴보기로 합니다.

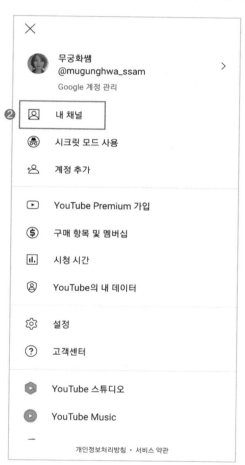

❶ 유튜브 메인 상단 오른쪽에서 [나의 계정]을 선택합니다.

❷ [내 채널] 메뉴를 클릭합니다.

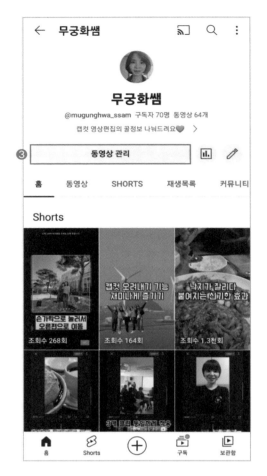

❸ [동영상 관리]를 선택하면 업로드된 동영상들을 확인할 수 있습니다.

❹ 내용 추가 및 태그를 삽입할 영상의 썸네일 오른쪽에 있는 점 3개(⋮) 메뉴를 클릭합니다.

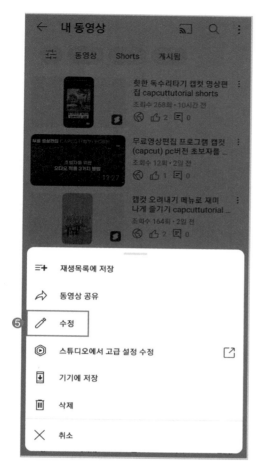 

❺ [수정]을 누르면 업로드할 때 입력했던 제목 수정이 가능합니다.

❻ [설명 추가] 메뉴에서 영상에 대한 설명을 입력할 수 있습니다. 최초 영상을 올릴 때는 설명을 입력할 수 없기 때문에 이곳에서 넣어주어야 합니다.

❼ [태그 추가]를 눌러 영상과 관련된 태그를 ,(쉼표)로 구분하여 입력합니다.

❽ [설명] 메뉴에서 작업을 완료한 경우에는 꼭 상단 왼쪽 화살표(←) 버튼을 눌러 이동하여 [저장] 메뉴를 클릭합니다.

3. 틱톡

15초 이내부터 최대 10분까지의 영상을 촬영 후 편집하여 등록하거나 편집된 영상을 불러와서 업로드할 수 있습니다. 직접 촬영하여 글자를 삽입하고, 음악을 추가하여 등록하는 방법을 살펴봅니다.

❶ 틱톡 앱을 실행 후 하단 가운데에 있는 + 메뉴를 누릅니다.

❶ 전환 : 전면/후면 카메라 중 선택할 수 있는 메뉴입니다. 전면 카메라는 본인을 찍을 때, 후면 카메라는 본인이 바라보고 있는 풍경, 모습 등을 찍을 때 사용합니다.

❷ 속도 : 영상의 속도를 조절할 수 있습니다. 1×: 기본 속도, 2×: 기본보다 2배속

빠름, 3×: 기본보다 3배속 빠름, .3×: 기본 속도보다 0.3배속 느림, .5×: 0.5배속 느림

❸ **필터** : 제공되는 효과로 보다 분위기 있게 촬영할 수 있습니다.

❹ **뷰티** : 얼굴형, 눈 크기 등을 조절할 수 있으며, [메이크업] 메뉴에서 원하는 스타일을 선택하면 메이크업 한 모습을 연출할 수 있습니다.

❺ **타이머** : 3초 또는 10초 선택을 하여 이후에 촬영이 시작될 수 있도록 설정할 수 있습니다. 그리고 녹화 길이도 설정할 수 있습니다.

❻ **음성필터** : [음성필터] 메뉴 선택을 하면 하단 오른쪽에 분장사, 데드풀 등 손가락으로 누르면 해당되는 음성을 들어볼 수 있습니다. 원하는 음성 필터를 선택한 후에 촬영을 진행하면서 말을 하면 해당 음성으로 적용됩니다.

❼ **플래시** : 어두울 때 '사용'으로 하면 밝게 비추어 줍니다.

❷ 텍스트를 선택하여 글자를 삽입하거나 촬영할 영상의 길이를 선택합니다.

❸ 흰색 테두리의 동그라미 버튼을 눌러 촬영을 진행하면 됩니다.

짧은 영상을 틱톡에 올리는 방법

https://youtu.be/yrPuNkzUjRo

QR코드로 바로보기

지금까지는 틱톡에서 직접 촬영하기 전에 설정하는 메뉴에 대해 알아보았습니다. 다음으로는 이미 캡컷에서 편집된 영상을 갤러리에서 불러와 등록하는 방법을 살펴봅니다.

❶ 사각 모양의 [업로드] 메뉴를 누르면 갤러리로 연결되어 편집한 영상을 선택할 수 있습니다.

❷ [사운드 추가] 메뉴를 눌러 원하는 음악을 살펴볼 수 있습니다.

❸ 추천하는 음악 제목 리스트를 보고 원하는 제목을 누르면 노래가 흘러나옵니다. 한 번 더 제목을 누르면 음악이 멈춥니다.

❹ 중앙 오른쪽에 돋보기 모양을 눌러 원하는 음악 제목이나 가수명으로 검색할 수 있습니다.

❺ [오리지널 사운드] 체크를 하면 불러온 영상 안에 담겨 있는 음성/외부 소리/ 음악 등이 적용됩니다.

❻ [볼륨] 메뉴에서 영상 안에 담겨 있는 사운드와 틱톡에서 제공되는 음악을 선택한 배경 음악의 볼륨을 조정할 수 있습니다. 사운드 바 오른쪽 흰색의 두꺼운 부분을 손가락으로 누른 상태에서 좌우로 움직여 볼륨을 조정하면 됩니다.

❼ 설정을 마친 후 [완료]를 누릅니다.

❽ 상단에서 선택된 음악 제목을 확인할 수 있으며, 이상이 없으면 하단에 [다음] 버튼을 누릅니다.

❾ [커버 선택] 메뉴를 누르면 영상 중에 일부분을 선택하여 커버로 설정할 수 있습니다.

❿ 커버에 텍스트를 추가할 수 있으며, 디자인을 선택할 수 있습니다. 손가락으로 오른쪽에서 왼쪽으로 밀면 더 많은 스타일을 볼 수 있습니다.

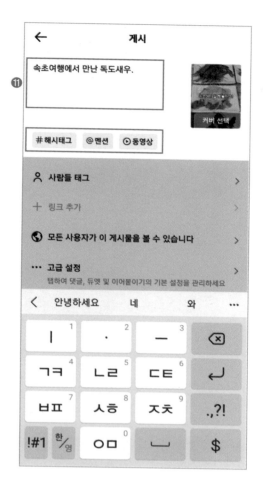

⑪ 영상에 대한 간단한 설명을 입력하면서 그 아래에 있는 검색 키워드인 해시태그,
크리에이터를 멘션하여 선택하면 해당 크리에이터로 연결됩니다. 동영상을 눌러
서 사운드와 관련된 영상 또는 틱톡에 올려져 있는 나의 영상 및 좋아요 선택한
영상을 선택할 수 있습니다.

❶ [사람들 태그]를 하면 영상을 보는 사람들이 태그된 사람을 확인할 수 있습니다.

❷ 동영상을 시청할 대상을 선택할 수 있습니다.

❸ [고급 설정]에서는 댓글 허용 여부, 고품질 업로드 허용 여부 등을 설정할 수 있습니다. [고품질 업로드 허용]에서 사용으로 활성화하면 우수한 품질의 영상이 올라갈 수 있습니다. 꼭 활성화하여 사용하시길 추천합니다.

❹ [공유]는 업로드 후에 카카오톡, 페이스북 중에 공유를 원하면 손가락으로 눌러 활성화시켜 주면 됩니다.

❺ [게시] 메뉴를 누르면 영상이 업로드 됩니다. 시청 가능한 대상들이 영상을 볼 수 있습니다.

❻ 게시가 되었을 때 왼편 아래 부분에서 좋아요 눌러준 계정이 확인됩니다.